See Through One's Personality in 1 minnute

1分鐘掌握對方個性

每個不經意的小動作，
都代表著一種隱形個性，
他到底會幫你，還是害你，**答案就藏在細節裡！**

掌握對方心思的99個關鍵TIPS

人際溝通專家 **郭文華** 編著

序

想要創造圓融的人際關係，必須從了解對方的個性、看穿對方心思開始。

人類的個性千百萬種，有人胸襟廣闊、有人個性急躁；有人神經質，也有人吊兒郎當，可說是人人不同，一人一個樣兒。即使是同一個人，只要轉換所處的情境或是所遇到的對象不同，其反應也有可能隨之而變。所以說，個性不是能簡單定位的，但是在各式各樣的個性中卻也有其相似之處，因此我們可將其大致分類成幾種類型，方便我們在與他們應對來往時更得心應手。

對於那些我們時常一起聚餐閒聊的朋友是什麼樣的個性，我們當然非常了解，但是面對一些初次見面卻又不得不應酬寒暄的人，洞悉對方的個性，巧妙地運用在人際關係上，是達成有效溝通不可或缺的關鍵。

「對方的個性是這樣的話，那就稍微給他一點壓力看看。」「人情世故是很麻煩的，我們應該要多加注意。」……了解對方的個性後，我們才能冷靜的思考該如何去處理、應付。例如，一位外形瘦小看似虛弱的男性，不善於逢迎拍馬，其話題永遠都是非常嚴肅且正經八百，和他開玩笑他也完全沒有反應，但其言談中卻有意無意總愛諷刺他人。這種個性心理學家稱爲「分裂型個性」，乍看之下非常溫和，樂於聽取他人的意見，實則不然。這種人只關心自己個人的價值，其他的都充耳不聞，其外表溫順實則爲一位頑固者。若你一開始沒有看清這一點而將他當成和自己是同一類型的人推心置腹的話，那可就危險了。

相對的，也有初次見面就對人表現非常熱情，毫無隔閡的類型，即使是個人隱私也無所不談。這種個性稱作「循環型個性」，不拘泥於自己的價值觀，樂於聽取他人的意見，即使必須改變自己的想法也無所謂。這種人看似不拘小節，實際上卻比我們想像中的更在意他人的想法。

一般人認爲，個性開朗的人對事情不會太過鑽牛角尖，而凡事認眞、個性陰沉的人才會如此，其實並不然。這種循環型個性的人，有時卻令人意外的十分在意他人對自己的評價，擔心自己是否會被人誤解，說話是否得體。而分裂型個性者，往往只顧及自己的事，對他人的批評反而漠不關心。

還有一種十分講究禮儀、凡事一板一眼的人，不僅謹守時間觀念，在金錢上也斤斤計較，這種個性稱作「黏著型個性」，嚴以律己也嚴以待人，對事情要求的標準超乎常人。這種類型的人，絕對無法忍受與比自己馬虎的人共事，否則定會疲累不堪，激動地爆發脾氣更是習以爲常的事。這類型的人對任何事都非常在意，若你誤以爲他很隨和且易於交往的話，便是自找麻煩。

另外還有一種「歇斯底里型」，這種人自尊心非常強，只要輸給對手便懊惱不已，極端想表現自我，受到衆人的注目則情緒高昂，在團體中也善於帶動氣氛。可是由於個性好強，常會認不清自己的定位，一遇上挫折便會十分氣餒、沮喪。

如何一眼看透人心？這在職場、交友和各種人際關係上，是非常重要的成功關鍵，每一個人的面相、肢體語言，都洩露著自己內心的祕密，只要你懂得如何從一個人的五官和臉型，去破解他們的性格密碼，從對方的動作、表情及不經意的話語，解讀對方的心理，你就能輕鬆地看透一個人的心。即使我們並不是心理專家，但藉由對方的習慣、行爲、口頭禪等，來得到正確的情報，卻也不是登天的難事。

本書教你如何解讀一個人的肢體語言、不經意的話語所透露出的心理，由無意識動作，到個人趣味、嗜好，說話態度，深入淺出。只要你能用心觀察，即可破解身體語言，直視人心，進而做出讓對方感到貼心的舉動，贏得對方的信任及好感，進一步帶動良好的人際關係。讓你在人際交往、職場上、情場上無往不利！輕鬆成為「識人高手」，看人再也不會看走眼。

作者 謹識

目錄

Chapter 1 容貌表情篇

Contents

目錄

Contents

目錄

Contents

目錄

Contents

目錄

Contents

容貌表情篇

Chapter 1

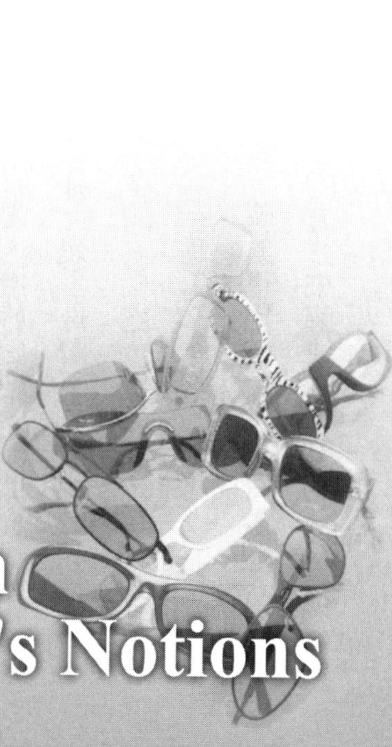

99 Knacks to see Through Ones's Notions

1 由臉型透視個性十拿九穩

一般來說，圓臉的人不管到哪裡都不會令人討厭，因爲「圓」這個形狀本身就有穩定心情的效果，給人討喜的印象，不像鋸齒狀或者是一些有稜有角的形狀，令人看了不由得緊張起來。

小孩子們大多數都是圓形臉，而且許多圓臉的人通常都有一張孩子氣的娃娃臉。當我們面對小孩子時，心緒通常都會很平靜，並油然而生一股想要保護他、疼愛他的衝動。同理，對於有著一張圓圓娃娃臉的人，自然也會對他產生莫名好感。

圓臉的人，在個性上多屬於社交類型，深受旁人喜愛、擅於處理人際關係，喜歡主動與人交往，容易信任他人，人緣極佳。在他們身上幾乎是看不見猜疑心和偏見的。事實上，圓臉的人因個性圓滑，不管和什麼類型的人相處，皆能如魚得水，適合從事服務業的工作。

相反的，臉型屬於有稜有角的人，做人較有骨氣，脾氣也比較大，不喜歡迎合他人。遇到問題時，與其求助他人，他們寧願用自己的方式來解決，逢迎拍馬、向他人哈腰低頭的事，他們寧死也絕對不會去做的。臉型有稜有角的人不同於圓臉的人自小便備受長輩的呵護與提攜，所以隨時都必須步步爲營、兢兢業業地充實自己，也因此養成不知變通的個性。

至於臉型呈倒三角形、下巴尖細的人，是知性與感性兼俱的類型，個性纖細敏銳，能察覺他人所察覺不到的事，對於時代的潮流、動向，擁有高度的敏感性。可惜欠缺體力、行動力以及毅力。

這種人即使有不錯的企劃和點子，對於一再重覆著試驗、失敗、檢討的過程，容易感到厭倦，通常沒有耐心和毅力熬過這條通往成功的漫漫長路。雖然具有不斷捕捉新靈感，提出新計畫的能力，但一遇挫折很容易就半途而廢，年輕時或許還能利用不斷的企劃提案來彌補他們的有始無終，但隨著年歲增長與靈感創意逐漸枯竭，漸漸地就會走入人生道路的死胡同。如果剛好你有這一類型的屬下，即便只是完成一件小事，已屬非常難得。而如果你正好碰上這一類型的主管，作爲部屬的你，將會時常陷入左右爲難的窘境，令你倍感困擾。

2 臉大臉小成就各不相同

臉型寬大的人通常自我意識強烈，個性強勢喜歡居於領導地位，在他人面前會積極表現自我，強迫他人對自己留下深刻印象。所謂「面子大」，就是這個原因。

相反的，臉小的人個性較內向，與臉大者在現實社會中會卯足全力往前衝完全不同的是，他們總是有較多的顧忌，做起事來也較畏首畏尾，耽溺於自己的夢想中，比臉大者更重視自己內心的世界，卻也因而比較不太會去注意周遭的事物。臉小的人由於自我表現能力貧乏，不喜歡突顯自我，對任何事情都沒有強烈的企圖心，所以不管事情成敗總是淡然處之。

但現今社會的新世代年輕人卻有臉型逐漸縮小、身高越來越高的趨勢，形成所謂的「八頭身」（頭和身體的比例爲一比八）。這種現象在老一輩的人看來，不由得感嘆生不逢時，僅僅數十年間，人類體型的變化竟然有如此之大。

臉小的人增加了，是否意謂著社會越來越趨向於內斂、知性化？但身處現今昇平時代的人們，不能與戰事頻仍的祖先們同日而語，他們已經從往日卑躬屈膝的農耕民族體型，轉變爲身材頎長的體型；他們的生活型態，也逐漸由以勞力謀生轉變爲以腦力維生。

所以，在現今社會裡，終日揮汗如雨的苦力工作逐漸減少，取而代之的是動腦的工作。即使人際關係處理得不夠圓融，雖然不便於時時刻刻鋒芒畢露、突顯自己才能，但是只要擁有超凡的知識和技術，便可在現今的社會立足。工作所得的報酬比拋頭露面、揮灑汗水的勞力工作者還要多，社會地位也更崇高。

在從前的農業社會中，臉大者或許可以運用其廣泛的人際關係叱吒風雲，但今後臉小者將成爲時代的新主流。

3 眼睛越大感情越充沛

美國的心理學家海斯曾做過一項實驗，將女性的裸體給男性觀看，男性的裸體給女性觀看。得到的結果是，人類瞳孔比平常放大了二〇%。一般來說，瞳孔在黑暗中會擴大，明亮時則會縮小，但在上述的實驗中，我們發現人類在看到感興趣的東西時，瞳孔也會自然放大。

「眼睛是靈魂之窗」，我們可以藉由眼睛來表達我們的情感，所以在電視劇裡，經常可以看到熱戀中的男女，張著一雙大眼深情款款互相凝視對方的畫面。一般而言，當我們想要讀取對方的思想時，大多數的人都會先注意眼睛，因此眼睛所扮演的角色在五官當中非常地重要！

眼睛是表現人類感情的重要媒介，眼睛越大者，情感的表達越加豐富，因此大眼睛的人給人的直接感覺，通常都是較爲直率、開朗、大方、耿直的正面形象。

就拿女演員來說，若擁有一雙明眸大眼，靈活的一張一闔之間，稍稍轉動秋波，便傳達了無限的情意；而眼睛小的女演員，眼珠活動的範圍也小，想要藉由眼睛來說話，就比較困難了。

「眞搞不懂，那傢伙心裡到底在想些什麼？」多數被這麼抱怨的人，通常擁有一對小眼睛。外國人總以爲東方人給人的感覺很神祕，甚至有種令人不舒服的感覺，或許就是因爲東方人眼睛細長的原因吧！

眼睛小的人習慣將心事埋藏在心底，但也有例外，眼睛小的人當中也有情感表達豐富、話題多變、能散發迷人魅力的人。或許是他們意識到自己眼睛較小，表達情感較難所做的補救吧！

對於初次見面的人來說，擁有一雙大眼者給人一種隨和、容易親近的感覺。他們心中所想的事情，會完全表露在臉上，祕密在他們心中是隱藏不住的。由於大眼睛的人對於感情的表達很直接、坦率，容易對異性付出感情，外遇也就經常發生在這些人身上，同時也因個性直爽使然，事跡敗露的機率也較大。而眼睛小的人，看起來總像是板著臉，很難猜出他們心裡究竟在想什麼，就算有了外遇，也不易被發現。

4 觀察眉毛有學問

仔細觀察眉毛的形狀，可以發現人的眉毛有許多類型。屬於上揚型的人個性固執，自我表現欲強，是領導型人物，討厭被人指使來指使去。

有一對下垂型眉毛的人，缺乏主見，容易妥協，屬於謹言慎行的類型。另外有些人的眉毛是中斷型的。這種類型在感情和情緒上容易起伏，往往控制不住易怒的性情，常常將人際關係搞得十分緊張。不規則型眉毛的人，對人的喜惡分明，容易信賴某一特定對象，討厭被局限在一個框框中。

再根據眉耳的位置來判斷。仔細觀察眉毛和耳朵的水平線看看，通常眉毛和耳朵最上端齊平。如果你發現有人耳朵上端在眉毛線下的，這種人就是屬於努力開創命運、孜孜不倦型。他們多半沒有一步登天的本事，必須朝目標靠著持續努力來達到自己的夢想。

如果眉毛線比耳朵上端還低，代表這個人人緣極好，往往能贏得他人的信賴，是個可得貴人之助的幸運兒，予人高貴的印象。

若再由雙眉間的皺紋來判斷的話，把雙眉的皺紋類型加以區分，可分爲以下四類。

1.深刻而清晰的一條皺紋

擁有這種皺紋的男性，行動、決斷力極爲卓越，但大多數個性有些頑固。一般來說，體格稍稍肥胖，臉頰的顴骨或肌肉結實，對於金錢方面，大多有些吝嗇，對推銷員而言，可說是十分棘手的對象。擁有這類皺紋的人，如英國首相邱吉爾、日本首相吉田元、俄國共產領導人赫魯雪夫……等，而且有趣的是，這些人連體型都很相似，在與這類型的人一旦熟悉之後，你會發現再也沒有比他們更可信賴的了，覺得他們是個值得信任的朋友。

2.二條皺紋

懂得巧妙地調和現實與夢想，而付諸行動的類型。懷抱著很大的夢想，因此總是理想過高，對現況不滿足；無論在何種情況下，都會認眞地思考理想能否實現的問題，是個熱衷於研究的人。但是觀念或行爲太大膽，過於裝腔作勢爲其缺點，而且自以爲比別人優秀的意識極強，常常邀約三五好友，組成俱樂部或集會，如果不是身處領導地位，就會對任何事都看不順眼。對於這類型的人來說，必須要學習如何去尊重對方的意見。

3.三條皺紋

三條皺紋有條不紊地排列著的人，大多是藝術家或者是宗教家，他們的特徵是專心致力於某一事物，但稍有不稱心，會立刻表現於外。乍看之下，好像很聽話、乖巧，然而在其心中卻大多存在著和外表相悖的想法。

4.四條以上不規則型的皺紋

有很多不規則直皺紋的人，一般來說容易神經質、焦躁不安、情緒不穩，常見於女性。這種類型的人，感覺上似乎有點神經衰弱，或是歇斯底里，你可以從談話中看出這些特徵，忽而發出巨大的聲音，忽然又變得小聲；即使是已經決定的事，沒多久他們又會改變心意是司空見慣的事。大多是非常溫和的人，是不懂得「拒絕」的濫好人。

5 由眼瞼來判斷

眼睛是靈魂之窗，它不僅僅能反應心理的狀態，也能顯現身體的狀況。給人第一印象的重要關鍵就在於眼睛。

從古至今，不論男性或女性，一旦愛情不專一，那種不安的眼神就會顯露出來，而且在眼神中也可得知他對性的欲望。擁有一對水汪汪雙眼的人，在性方面的表現非常熱切與積極，而眼瞼部分是最能反應情欲的地方，甚至性能力低落也可從眼瞼中瞧出端倪。

如果想知道你的伴侶對愛情的忠實程度，最有效的方法是仔細觀察他的眼瞼。眼瞼的形狀可分成單眼皮及雙眼皮，有趣的是，左右不一致的人非常地多。筆者詳加說明如下：

1. 兩眼都是雙眼皮的人

個性明朗，男女雙方都是屬於容易陷入愛情的人。而且這類型的人在工作場合或團體中總是最受歡迎。對人的喜惡表現得十分強烈，因此與人交往有偏頗的可能性，屬忠厚老實型，其家庭生活以幸福美滿的為大多數。

2.一單、一雙

不輕易表露眞正心意的類型。對於工作、交際時有抱怨，常常發牢騷，婚後可能因妻子無法滿足其欲望而感到不滿，在嚐到一些甜頭之後，就開始拈花惹草，像是這種眼皮的人，都具有這種特徵，無法以單一伴侶為滿足。喜好追求變化或刺激，有花花公子的特質，在性觀念方面往往不夠穩重，經常來者不拒。

3.兩眼都是單眼皮的人

個性大多內向，性格孤僻，屬於意志堅定、刻苦踏實的努力型。在家庭、公司方面是保守、奉公守法的，可以靠專業知識而平步青雲。而他們大多太過在意別人、個性很敏感，這一型的人一旦有外遇，行跡馬上就會敗露。

4.左右兩眼的上眼瞼嚴重下垂的人

左右兩眼瞼皆下垂的人，表示旁人很難捉摸其眞心。他們的生活富於變化，一生起伏不定。對女性而言，是個具有無比魅力的人。而這類型的男性對於自己所喜愛的女性，不論在性或金錢方面，都會盡力讓她得到充分滿足。

5.眼瞼有很多不規則的皺紋

既非單眼皮，也不是雙眼皮，而是有短短的雜亂皺紋者。這種人不喜歡半途而廢，也不喜歡受到束縛。對對的事物具有特別敏銳的感受，容易對異性獻身，性欲很強。尤其是眼珠很大的人。

6 鼻樑高低關乎自信心的有無

鼻樑高的人，永遠將自己擺在第一順位，自我主張明確，有自我膨脹的傾向，因此驕傲自負的人常被形容爲「用鼻孔看人」。鼻樑較塌的人，則給人溫和、謙恭的印象。

自信滿滿固然容易成功，但過度自信，也會招致失敗。雖然經由辛苦耕耘所得到的成果來肯定自己，使自己對將來充滿信心，是無可厚非的事，但若是能力不足卻過分自信而不去付諸行動的話，就無法令人信服，也常常令自己吃盡苦頭。奉勸各位高鼻子的人積極認分地謹守自己的工作崗位，不管成功也好、失敗也罷，看清自己的實力、衡量自己的能力，不要光只會紙上談兵，因爲行動永遠勝於一切。

而鼻子塌的人則不善於表達自己的意見，不是公關交際的長才，但也不至於好大喜功，一切成就都很願意與人分享。在人群中具有溝通協調力，注重與旁人的互動關係，不會一人獨占鰲頭或強出風頭。

以女性來說，鼻樑不高的人通常能夠以夫爲貴，行事配合丈夫，不至於威脅到丈夫在家中的權威地位，因此比較受男性歡迎。雖說如此，最近社會上也出現許多希望成爲「家庭主夫」的男性，這類型的男性或許就是爲了搭配鼻樑高的女性而存在的吧！

在早年的傳統社會中，凡事有強烈的主張自我、喜歡表現的類型，是比較不受歡迎的一群，而謙虛溫和的類型反而較爲人所欣賞，因此被提攜者往往都是那些平日表現不顯眼、埋頭苦幹、行事作風不囂張的類型。有時候表現得太突出、太顯眼反而會招來衆人厭惡的眼光。隨著社會型態的轉變，成功者的類型也逐漸在改變。那些能夠明確主張自我、積極表現自我的人，在凡事要求精益求精的今日，相信必能在往後的廿一世紀中扮演極具份量的角色，成爲舞台上的發光者！

7 從耳朵的大小看一個人的福分與胸襟

耳朵在人體所扮演的角色，就像是專司蒐集聲響的雷達，雷達越大，所能接收到的聲音也就越細微，雷達的性能越卓越，其捕捉情報的能力就越強。耳朵大的人就兼俱以上的優點。

耳大的人大至商業情報、流行話題、社會新聞等等，無一不瞭若指掌，小至公司內部的八卦、小道消息皆逃不出他們的大耳朵，有時不得不讓人佩服他們，究竟是從哪些管道知道這麼多事情。另外，精力充沛也是他們的特色之一，如果沒有超乎常人的體力與耐力的話，又怎能一方面完成自己份內的工作，一方面又能抽空蒐集四面八方的情報呢？

對於上司的指正，或是與自己立場不同者的建議，耳朵大的人通常都能虛懷若谷的側耳傾聽，對他人給予的寶貴意見不但不排斥，還相當重視。總而言之，他們善用自己的大耳朵蒐集生活周遭豐富的情報，再將這些情報運用於適當的用途。

耳垂大且厚的耳朵，我們稱作「福耳」，在面相學來說能聚集財富，屬於大吉大利之福相，這種說法印證於事實似乎相當準確。天生一對福耳的人同時也擁有容納他人意見的雅量，能將人際關係經營得相當熱絡，如此一來，做事自然容易成功，錢財也就滾滾而來。

相反的，耳朵小的人眼光也短淺，不願接受他人的意見，總是以自己狹隘的考量一意孤行，因此人際關係較不圓融，來自朋友的助力也較少。倘若他們能察覺這個缺點，稍微敞開胸襟，接受值得信賴者的建言，相信成功的機率也會增大。他們和耳大者不同的是，普遍都缺乏體力與精力，因此對耳小之人來說，積極運動維持良好體力是不容忽視的。

8 嘴巴大小與愛情觀關係密切

心理學大師佛洛依德認爲，從一個人的嘴巴可以看出其精神與活力以及對愛情的看法，嘴巴同時暗示著「性」。從這種說法衍伸出來，嘴巴大的人精力旺盛，而且用情至深，在性方面的表現可以說是稱得上主動熱情。

嘴唇既大且豐厚的人，待人十分熱情，尤其在愛情方面的投入，也遠比一般人來得狂熱。他們通常都不是工於心計或冷漠孤傲的類型。是那種會選擇犧牲自己，來成全所愛的人，這種在旁人看來近乎愚蠢的行徑，他們卻甘之如飴且竭盡所能地去做，即使最後被所愛的人辜負了，他們卻依然無怨無悔。

相較於嘴大者的大而化之，嘴巴小的人就顯得細心多了，同時心機也較爲深沉。由於他們缺乏精力，毅力也不足，每每遭遇挫折就輕易放棄。比起「愛得徹底」的厚唇族，他們對於感情的態度，通常都是處於被動的一方。

嘴型小而雙唇薄的人，個性較爲冷漠，是屬於知性的類型。他們不像嘴唇厚實的人，可以全心奉獻給所愛的人，他們的理智永遠擺在情感之上。胸中城府頗深，當有利益衝突時，甚至會在心中算計他人。這類型的人在戀愛過程中，一旦認爲彼此之間沒有未來可言，將會迅速地提出分手的要求，義無反顧地求去。面對心儀的對象，一旦意識到對方對自己毫無感覺時，也絕對不會多花一分心思在對方身上。在感情的處理上，手段非常迅速而理智。

任何個性都有正反兩面，嘴巴大的人有其獨特的優點，嘴巴小的人也有他人所沒有的長處，這兩種人在個性上來說，是屬於完全相反的典型。嘴巴大的人抱持著愛情本位主義，做事總是身先士卒，遇事容易衝動，如果有嘴小的朋友從旁勸說，使他冷靜下來，可以避免許多衝動誤事的情況發生；而嘴小的人個性過於冷漠，欠缺堅強的意志力，需要嘴巴大的人從旁激勵。這兩種個性截然不同的人，若能好好的相互取長補短，將是彼此在人生旅途上無往不利的好夥伴。

9 觀察膚色就能知道對方的健康狀況

在工商繁忙的現今社會中，人們幾乎很少有空閒沐浴在陽光底下，接受陽光的洗禮。工作時躲在辦公室，休息時也把自己關在房間裡，既不做運動也不出外曬曬太陽，以一種不健康的生活方式在過日子。

正因爲如此，當我們看見全身皮膚黝黑的人經過時，便會產生「這個人不管在工作或私生活上，一定都很懂得安排自己的時間，日子應該過得相當充實吧！」的印象。

「健康管理」的觀念，目前已逐漸爲大衆接受而日益普遍起來。但在從前的社會裡，「管理」健康卻是一件令人匪夷所思的事情，從前的人日出而作、日入而息，肚子餓了便吃飯，生活規律，身體自然健康，何須管理。

反觀現代人，整天待在辦公大樓裡的人比比皆是，每天辛勤忙碌地工作，忘了筋骨需要勞動，才能長保健康，更不懂得好好管理、照顧自己的身體。

一般來說，擁有健康黝黑膚色的人，總是給人充滿朝氣、活潑開朗的感覺。相反的，膚色過於白皙的人，則給人運動神經不發達、不夠健康的感覺。

這一類型的人因爲缺乏想戰勝他人的動力，很容易積存壓力，灰心喪志，再加上不懂得調適自己的情緒，會一直處於鑽牛角尖的狀態，令自己困在泥沼裡。

不過現在，以膚色的黑白來判斷一個人的個性已漸失準確性了，因爲日光浴沙龍的出現，讓人們只要躺在沙龍裡做做日光浴，不需要做任何運動，便能使肌膚曬成健康的古銅色。

特別是總以「外表」爲第一優先考慮的年輕人，在時下流行衝浪運動時，他們會穿著衝浪的服裝到日光浴沙龍，讓皮膚除了穿衣服的部位以外都曬黑，給人似乎剛去衝浪回來的錯覺。這一類型的人，比起皮膚白皙的人更有欲求不滿的傾向，隨時會有情緒失控的可能性。

與其努力充實自己的內在美，時下年輕人更注重外在的感覺，不惜花費鉅資去做整形美容以換取他人的一句讚美。就像小叮噹（多啦A夢）裡的「時空機」及什麼都變得出來的「百寶袋」一樣，想做什麼時，便希望能馬上實現，這種人屬於個性衝動派，逛街時常常會因一時衝動而買下不實用的東西。

但近來的年輕人甚至連去日光浴沙龍都嫌麻煩，於是能使皮膚看起來黝黑的化妝品，便如雨後春筍般在坊間出現。以商業取向的現代社會，凡事以利益為優先，腦筋動得快的商人，總能輕易抓住青少年的心，滿足了他們標新立異的想望，於是現在的年輕人大多變得沒有耐性，想要什麼就要馬上得到，個性過於輕浮而急躁。

以人工手法將皮膚曬黑的人，個性相當孩子氣也非常容易動怒，對於金錢方面更是揮霍無度，從不計畫將來，只顧滿足眼前的需求，而不懂得將眼光放遠，若要他為長遠的目標做生涯規劃，那是絕不可能的。

10 禿頭族的性格取向

造成禿頭的原因，到目前爲止還沒有確切的答案。但禿頭對男性而言，一直都是心底最深的痛。何以有些人會禿頭？有些人會早生華髮呢？一般來說，攝取過量的動物性脂肪，易造成禿頭；反之，充分攝取含有可吸收小腸中脂肪的蔬果類，可以預防禿頭。另外醣類、澱粉類攝取過多，造成熱量過多、肝臟中血脂肪過剩，也是引發禿頭的原因之一。而男性荷爾蒙過多，精力旺盛的人，也是禿頭的高危險群。

禿頭者大致上多爲活動性強，且擁有決斷力的人，也就是所謂的「男子氣概」，同時意味著攻擊性強。那些禿頭的男性其年輕時多半喜歡周旋在女人堆中，追求過的女性多如過江之鯽，是屬於天生狩獵本能旺盛的典型。不論是在工作上或是異性關係的追求，都有窮追猛打的耐力。而且他們不是守株待兔的人，往往是主動展開攻擊的一方，絕對不會花多餘的力氣去爲小事煩惱，在必須抉擇往左或往右的緊要關頭時，他們絕不會優柔寡斷，馬上就可以明快果決地做出決定。

但相對的，他們在一些細微末節上，常無法體諒部屬，所以每當在向部屬大發雷霆之後，就不知該如何收拾殘局、安撫同仁的心情。在這一點上，容易滋生白髮的人就做得好多了，他們擁有包容人的雅量，屬於善解人意的類型。

和禿頭不同的是，長白頭髮是任何人都無法避免的。剛長出白髮時，每個人的反應不盡相同，有些人深受刺激，有些人則以平常心看待。沒錯，白頭髮是「年老」的象徵，人們總是期望自己永遠年輕美麗，對於「年老」十分抗拒，所以看到自己頭上的白髮一根根增加時，自然會心生厭惡，甚至恐懼，這也是人之常情。但也有人很坦然地接受「年老」這個不能改變的事實，對於頭上的白髮絲毫不以為意。

「啊！真討厭，又多了一根白髮！」看見自己頭上白髮增加時，便有如臨大敵之感，覺得痛苦異常的人，通常是那種希望隱藏自己缺點的人！而能坦然接受白髮的人，對於自己的年齡以及一路走來的人生旅程，大多抱持著肯定的態度，是個個性成熟的人。

11 左臉看感性？右臉看理性？

人類的臉，大致來說應是左右相互對稱的，但也有左右臉不對稱的情況出現，例如：兩邊眼睛的大小不同、嘴角兩端的高度不同、鼻樑偏向某一方……等等。左右臉完全不同的人，在鏡中看見的自己，和在照片中的自己，其差異之大令人瞠目結舌。

人類臉部表情對於情感的表達，以面向自己的左側臉較為明顯。假如我們拿右半邊的臉來做成左右對稱的合成照片，同時也用左半邊的臉做成左右對稱的合成照片，兩者比較之後所得到的結論是，左半邊臉的合成照片，其感情的表達讓人較為瞭解，而且表情也較為豐富。對於左右臉差異甚大的人來說，其右臉的合成照片和左臉的合成照片，眞可用判若兩人來形容。

一般學文學的人在思考時，眼睛的視線多為向左移動，這個規律性也適用於此處。右側臉是理化、邏輯世界的展現，而左側臉則是表露情緒、感情的感性世界。

換言之，右半部的臉所表現的是人的理性部分，左半邊的臉則流露出人們內心的感情。

和初次見面的人說話，若想正確無誤地讀取對方的心情，注意對方左半部的臉就不會錯了。相反的，若你不希望被對方的感情所牽制、影響，不想留情面給對方的話，便注視他右半邊的臉。有人喜歡把自己的左臉給人家看，也有人喜歡給人看右臉。而且，即使是正面說話的時候，也有人會稍稍把臉朝下，或者是仰頭說話的。

表情與人的性格、職業或社會地位有很大的關係。美國心理學家曾經調查，十九世紀至二十世紀的畫家波德來爾在作畫時模特兒臉的朝向。根據這份調查，據說有不少畫家喜歡描繪朝左的臉。但像梵谷這種具有異常氣質的畫家，卻喜歡描繪右臉。另外，照片中臉朝左的人，占了百分之十三的比例，算是相當多的。

日本政治家或財經界人士，喜歡以臉的正面示人的人非常多，相對地，喜歡以右臉示人的人似乎就少了。這類型的人個性善變，具有普通人所沒有的權利欲，是個全權在握，能力極強的人。

另外，從正面照片仔細觀察，可以發現有縮下巴、仰頭或低頭的人。自信、自我表現欲強的人，在不知不覺中會有仰頭的傾向。因此，臉朝右而且有點上仰的人，自尊心強，是個上流社會份子，對自己的經濟能力和社會地位感到自豪。因爲這種人工作順利，獲得上司極大的信賴。

相反地，讓人看左臉、頭有點朝下的人，個性溫和，對待他人富含關懷、同情與謙讓的心，容易讓人對他打開話匣子。

而讓人看左臉、頭上揚的人，極欲讓對方看到自己的好處，表面看來很懂事，但是一旦有心事的時候，會封閉自己。以一個進行商業交易的對象而言，這類型的人的確是非常令人頭痛。

相對地，習慣讓人看右臉且朝下，這類型的人在情緒上容易陷入低潮，處於非常不安的狀態，會將自己的心情感染給周遭的人，好像要讓別人也焦慮不安。

左右臉表情或外形完全不同的人，又是何種性格呢？這類型的人在情緒以及理性的部分，其差距可說非常大。他們大多具有雙重人格，在衆人面前開朗、隨和，私底下卻非常神經質；在人前總是逞強、裝瀟灑，實質上卻是不折不扣害怕寂寞的人……等等。

仔細看希特勒的衆多相片，你會發現他的臉大部分都偏右側，但整體看起來有點朝下，可以看出其個性相當具有神經質，而美國總統甘迺迪的相片大多是臉朝上仰的。

演藝人員則大多喜歡以左側的臉來面對觀衆，在給予人好印象的觀點上來說，似乎朝左的臉比較好。另外，在提升領導魅力方面，讓對方看右臉，而且稍微抬頭說話，似乎頗具效果。

把上述幾點牢記在腦中，細心觀察周遭人的左右臉，將會有有趣的發現。

12 眼神是思想的判別機

與人一起聊天時，眼睛視線總是飄移不定的人，其心中也是起起伏伏無法平靜下來，多半是屬於不夠沉著穩重的類型，在其飄忽不定的眼神裡，我們可以隱約讀到他們腦子裡正在思索的事情。

就好像警方鎖定某個竊賊慣犯時，便會仔細觀察嫌疑犯的視線。因爲正在物色獵物的小偷，他的視線會不停地到處掃描，只有在尋獲目標物時其視線才會安定下來，將之集中於獵物身上，然而，正當他要動手行竊的一瞬間，早已被在背後洞悉其陰謀的警察逮捕。

不只是小偷，當人在思索事情時，視線通常會隨之左右移動，所以當視線還在移動時，便表示其人還處於思慮無法整合的狀態下，腦中思慮未果的情形，便會無意識地流露在他的眼神裡。

當所思考的事情有個雛形出現、大致理出了頭緒，這時視線才會安定下來，眼睛或閉或凝神望向遠方，絲毫不受外來刺激的影響。將所有事情理清之後，且欲傳達給他人知道時，視線便會很快的集中於前方。

在會議上或是其他場合中，你若試著觀察其他人，你會發現有些人視線游移不定，也有些人視線沉穩。我們只要藉由對方視線移動的方式，可以瞭解這個人腦海中正處於什麼樣的狀態。

倘若不是在會議中，也不是集會的場合裡，視線還是無法安定下來的話，表示這個人腦中的思緒相當混亂，各式各樣的想法起伏不定，就像一個無人整理、散亂不堪的房間。

處於這種狀態的人，正被一大籮筐無謂的想法、拿不定的主意綑綁，無法自拔。由於他自身缺乏整理統合的能力，在旁人看來，此人說話語無倫次、不按牌理出牌，根本令人無法瞭解其所要表達的眞正意思。

在一個心理測驗中，有以下這樣的問題「十二乘以十三的答案是多少？」「Washington這個單字是由幾個字母拼成的呢？」這些問題的答案需要受試者花少許時間思考。根據這個心理測驗，專家們發現回答者眼珠子移動的方向，和其個性、興趣有一定的關聯性存在。

一般而言，學理科者，也就是擅長科學、算數的人，思考時眼珠多半向右移動，其睡眠時間通常較短，這類型的男性一般不太懂得和女性交往、討女性歡心。而學文學的，也就是擅長於古典或人文科學的人，眼珠多半向左移動，個性較為開放，喜好音樂及藝術，對宗教也很關心。這類型的人很容易接受暗示，被催眠時很容易就能進入催眠狀態。

接受這個測驗的某些女性，有眼珠往兩邊移動的情形，所以部分女性並不適用於這個心理測驗。如果想試探初識男性的性格取向，見面時不妨問他一些艱深的問題，仔細觀察他視線移動的方向，便可以大略明瞭這個人屬於何種性格傾向。

眼神主宰著我們的視窗，發出各種不同的訊息，所以兇神惡煞的眼神看來殺氣騰騰，美目盼兮的眼神可以迷倒衆生。眼神的確可以透露不少不欲人知的心中事。以下羅列幾點供讀者參考：

1.眼睛直直盯著對方的女性，心中可能有隱情。

2.在交談的空檔停下來注視對方時，表示說話內容是自己所強調的，或希望聽者更能理解其中的意思。

3.初次見面先移開視線的人，多半逞強好勝想處於優勢地位。

4.與對方的眼神一接觸，立刻移開目光的人，大都有自卑感或心理有缺陷。

5.看異性一眼後，便故意轉移目光者，表示對對方有著強烈的興趣。

6.喜歡斜眼看人者，表示對對方懷有興趣，卻又不想讓對方識破。

7.仰望對方時，表示對對方懷有尊敬和信賴之意。

8.俯視對方者，表示其欲向對方顯示威嚴。

9.視線不集中在對方身上，迅速移轉者，大多屬於內向的人。

10.視線左右晃動，表示他正陷入苦思冥想當中。

11.談話時，目光突然往下望，表示此人正陷入沉思狀態。

13 眼神閃爍的人企圖隱藏什麼？

與人交往時，你一定碰過那些自顧自說話從來不願看對方眼神的人，例如公司的資深前輩把你叫到他座位旁商量事情，兩手卻不停翻動桌上的資料，口中喃喃自語，最後眼睛望著別處說：「嗯！你也辛苦了，多多加油吧！」眞不知他這句話是在鼓勵自己，還是在慰勞別人。

和這種人在咖啡廳喝咖啡時，即使面對面地坐著，你也無法確定他到底是在看隔壁的情侶呢？還是在觀察牆上掛畫？其虛無縹緲的眼神，令人捉摸不定，完全感受不到心領神會的聊天氣氛。

這類型的人，實際上非常在意對方對自己的看法，也十分重視他人對自己的評價。因爲當他的視線與人交接時，會令他覺得自己彷彿要被他人看穿一般而害怕迎接他人的目光。所以無法放鬆心情，總覺得他人的視線帶有判斷自己、仲裁自己，甚至處罰自己的意味。

孩提時，當父母以惡狠狠的目光盯著我們時，心裡總會想：「糟了！我是不是做了什麼壞事，被爸媽知道，惹他們生氣了？」這種經驗相信很多人都曾經有過吧！沒有做虧心事時還好，若心中有鬼，就無法正視父母的眼神。不敢注視他人眼神說話的人，每當被他人注視時，兒時被父母可怕雙眼注視的記憶就會在此時被喚醒。

這種情結延續到長大成人，導致當事人無法坦然地迎接他人的眼光。老是擔心自己是否做了什麼不得體的事？是否說錯什麼話而得罪他人？即使沒有想像中那麼嚴重，在他們心中卻永遠隱藏著提心吊膽的罪惡感。

你可以試著詢問他們：「您的父母到底是怎麼樣的人呢？」相信答案多半是相當嚴厲，對於孩子們的事情總是插手管得太多，或者是他們的父母是地方上很有名望的大人物。

即使身體已經長大成人，他們的心理卻還停留在孩提十分敬畏父母的階段。從另一個角度來說，這種人由於人格尚未完全成熟，還沒有獨當一面的本事。小時候呈現出來的反應可能只是做事任性、情緒不穩定而已，但長大成人之後，不成熟的個性卻隱含有城府頗深的一面。爲了實現自己的欲望，甚至不惜使用卑劣的手段，向位高權重者阿諛奉承，就像兒時在父母親面前裝成聽話的乖孩子，背著父母時則完全變了個模樣，十足是個陽奉陰違的個性。

但他們也並非一無是處，這種類型的人其想像力往往比常人豐富，若能將他的想像力運用在現實生活中好的一方面，結合周遭的資源與友人們的幫助，進而促使他的性格更圓融成熟，未來開創出一番非凡的大事業是指日可待的。

14 聽到讚美時的表情代表了什麼？

我們可以從臨危授命時，看出一個人的勇氣；從千金當前時，看出一個人的德性；從俗務纏身時，看出一個人的耐性；當然也可以從一個接受讚美時的臨場反應，來窺看此人的個性。

1.面紅耳赤型：一受到讚美，立刻面泛紅雲，略帶靦腆羞怯的人，個性溫馴敏感，感情脆弱，極容易因爲受到別人的批評而受到傷害。這類型的人深具同情心，從不會在言語或行動上傷害別人。

2.不敢置信型：受到表揚時，表現出意外驚喜的人，習慣用相反的方式來表露他們的喜悅。這種人個性惇厚，喜歡取悅別人，經常犧牲自己以求遷就他人；特別喜歡團體活動，人際關係良好，與人相處融洽。

3.輕描淡寫型：受到讚美時，彷彿無事人一般，這種人甘於平凡踏實，不願意受到別人注意。他們的人生哲學是順其自然，凡事不主動爭取。喜歡默默地工作，對於熱鬧生活和團體活動一點也不熱衷，頗有與世無爭的隱士作風。

4.投桃報李型：當別人讚美自己時，也用溢美之詞回敬。這種人個性獨立，恩怨分明，富於自信。他們在待人接物方面處處要求平等互利，既不願吃虧，也不願佔人便宜。

5.自我戲謔型：對於別人的表揚，以詼諧的語氣作出回應，表明自己不值得受到讚揚的人，個性較爲孤僻，極度重視個人的自由獨立，不願受到他人的干擾。外表的詼諧輕浮，其實是抗拒親密接觸的手段。如果你寄望和這種人建立深厚的情誼，是非常難辦到的。

6.大方接受型：既樂於接受別人的表揚，也不吝惜地給別人適當的稱頌。這種人心地善良，肯爲人著想，欣賞別人的優點，容易與人相處，心胸開闊，絕不自私。

7.顧左右而言他型：對別人的表揚不感興趣，回應以不相關的話語來改變話題。這種人心思敏捷，凡事獨具卓見，既現實又能幹。對自己的才幹有高度自信，個性狂放不羈。

8.受之無愧型：對於他人的表揚視爲理所當然，不用虛僞的場面話表示謙虛。這種人的才智有過人之處，自視甚高。爲人靈巧機智，富有魅力，是受人愛戴的領袖人物。

9.謙厚誠摯型：接收到表揚時，得體地作出衷心的感謝，不慍不火，恰到好處。這種人穩重踏實，富進取心而不露鋒芒，我行我素，不爲任何外力左右，更不會譁衆取寵。

穿著打扮篇

Chapter 2

99 Knacks
to see Through
Ones's Notions

15 從衣服的顏色來觀察

上班族穿著的西裝顏色當中，灰色可說佔了絕大多數。這些選擇灰色系西裝的人，是白領階級中最平凡、標準的一群，同時也是最容易融入團體的一群。在重視群體協調、不鼓勵個人色彩的社會中，這種穿著可說是最穩當也最萬無一失的，而這種趨進保守的個性所從事的職業，也多半以庶務性、一般性的工作爲主。

或許你會認爲他們都是平庸無能的一群，那麼你就犯了以偏概全的毛病，在這群平凡的人當中，也有實力派人士潛藏其中，他們認爲自己有能力，根本不需要藉由奇裝異服來標新立異來突顯自己，那是沒實力者才會耍的小手段。

灰色又分爲好幾種不同色調的灰，喜歡明亮灰色的人注重清潔；選擇深灰色的人則屬於性格較穩重者。

對深藍色西裝有特別偏好的人，往往會替自己立下遠大的目標，爲了實現這個目標，他們會發揮強勁的意志力，希望能過著受人肯定的有意義的人生，也期望憑著自己的一己之力能對社會有所貢獻。他們的工作態度認眞，行事謙恭有禮。若自我目標逐步達成的話，將會更加充滿自信，展現正面的人生態度。但也正因爲他們希望目標實現的欲望非常強烈，若無法達成馬上就變得憤世嫉俗，甚至把失敗的原因歸咎於他人。所以，在酒席間會突然藉酒發飆，偏激地大發牢騷，就是他們的典型作爲。

喜歡穿著咖啡色系服裝的人，在巧妙、得宜的服裝搭配下，外表看起來即會呈現出俐落、幹練的形象。但是心理分析指出偏好咖啡色系的人，多半具有濃厚的孩子氣，咖啡色服裝的包裝使他們外表看起來俐落、幹練，實質上卻不是如此，一旦事情無法如預期中般進行時，就會鬧彆扭、發脾氣，好惡馬上表現於外，感情來得快、去得也快。

喜好咖啡色的人勇於表達自己的意見是爲了突顯自己。這類人做事優柔寡斷、舉棋不定，永遠無法一本初衷堅持自己的意見，很容易就被他人的想法左右。身爲一名主管如果擁有這種性格，是無法贏得屬下們的信賴的，人際關係也無法順利推展。整體而言，愛好咖啡色系服裝的人，總是給人不夠圓滑、難以親近的感覺，如果你正好喜歡穿這一色系的衣服，就需要好好自我調整了。

16 你的穿著是走什麼風格？

所謂「一樣米飼百種人」，同樣的道理，一件衣服也可以穿出百種風情，而且每個人因著審美觀的不同，在穿衣的表現上也往往因人而異，這種在衣著上的表現手法和一個人的性格可以說是密不可分，如果從服裝樣式去歸類，不難瞧出一個人的個性與想法。

喜著華服的人，大多自我表現欲強。甚至於華麗過度，成了所謂的奇裝異服。一般而言，他們除了自我表現欲極強之外，還伴隨有歇斯底里的性格傾向，對於金錢也有強烈的擁有欲。

衣著樸素的人，則多半是順應體制類型。這種人通常都執著於傳統，對事物的觀察缺乏主體性。而平常衣著樸素，但在特定場合、狀況喜著華麗服飾的人，雖屬於順應體制型，但也能擁有個性化的自我主張，經常利用聲東擊西的手法來掩飾身上的弱點。例如對自己的容貌缺乏信心的女子，會試圖穿迷你裙來轉移別人的注意力；禿頭的男士則試圖穿進口的高級皮鞋，來削減他人對其頂上毛髮稀疏的注意力。

對流行時裝敏感的人，也是屬於順應體制型。這類人不但缺乏主見，也對自己缺乏信心，看到別人穿什麼，也不考慮自己的身材、年齡是否適合隨即跟進，藉著混在流行服飾的浪潮中，讓自己消失在統一的調性裡，因爲這樣他們就不需要直接面對自己，或思考自己應該如何展現自我。

那些完全無視於自我的喜好，一味追求流行趕時髦的人，大都具有孤獨感，情緒亦不穩定。

而對流行毫不在乎的化外之民，則屬於個性強烈的典型。但也有一種人由於種種原因，把自己關在象牙塔裡，唯恐被「社會化」，而失去自我的特殊性。這種人不易與人相處或共事。

衣著無固定類型，式樣、顏色、質料變換無常，讓人無法了解他的眞正喜好，大多屬於情緒不穩定，缺乏協調性，是一種在潛意識裡逃避現實的人。

偏好條紋式西裝的人，無法用客觀的角度來看待、分析自己，對事物的看法非常主觀，無法認清自己在他人眼中的形象和地位，想法單純而直接。這類型的人主觀的認為自己無所不能，即使犯了錯也不會承認，甚至就讓它將錯就錯。總是覺得自己高人一等，當他看到有人跟他同樣穿著條紋式西裝時，便會不假辭色地批評「這種西裝一點兒也不適合他們！」。即使當面指責，他們也不知自我反省，只會一味的批評別人，依然我行我素、充耳不聞。所以與這一類型的人相處之道，最好是相應不理。而這種人在群體當中會被孤立，也是必然的事情。

喜歡穿著格子西裝的人，是權力至上的野心家。對人充滿攻擊性、心機沉重、金錢欲望強烈，是現實主義者。當他們遇到魚與熊掌不能兼得的情況時，會很現實地選擇有利於自己的一方，堅守有錢能使鬼推磨的信念。雖然他們外表看起來冷漠、不輕易流露感情，但內心深處其實仍有其脆弱、多愁善感的一面。

還有一種人，原本穿著特定格調的服飾，突然之間風格丕變，穿起與以往格調完全不同的服裝來。這種人很可能在物質或精神方面受到了刺激，情緒有所變化，或內心有了新的決定，以致於外表上也出現了嶄新的造型。

17 你是盲目追求流行的人嗎？

流行的旋風隨著時代的潮流日新月異，譬如男性的西裝，領子忽大忽小，領帶忽寬忽細，不斷地在變化。女性的服飾更是變化多端。然而在追求時尚的同時，也應考量自己的特色，適當擷取流行中適合自己的部分，才能使自己穿得更得體，也穿出流行味，展現出光鮮亮麗的一面。

但是也有一些人毫無選擇地盲目追隨流行。如遇到刺青、眉環、鼻環流行，眼看大家一窩蜂追逐這個熱潮，也跟著刺青、在身上穿孔，只為了搭上這班流行列車。到了市面上掀起美國熱時，又突然變裝成一身美國小子的裝扮。這種毫無主見，為流行而流行的行為，實在無法讓人苟同。

流行是自我表現的方式之一。目的是藉由流行時尚塑造自己的形象，並將這種形象推廣出去，在他人的心中留下深刻印象。一味盲目地追求流行，不停改變自己形象的人，對於自己的生活目標，一定也是茫茫然。

追求流行通常是一、二十歲青少年的權利。如果你正值這個年紀，可以多方嘗試各式各樣流行的新鮮事物，在其中找出最適合自己的裝扮；經過一連串的錯誤嘗試後，找出一條最適合自己、屬於自己的道路。

年輕時若不追逐流行的話也不好，反而顯得與時代潮流格格不入，大家不妨帶著一顆年輕敏銳的心去接觸各種流行資訊，去蕪存菁，才不枉度青春。

年齡過了二十五歲之後，若還是毫無選擇性的，胡亂將不適合自己年齡的東西套在身上，只會招惹他人異樣的眼光。此時應該找出一種適合自己的類型，稍微添加少許時髦色彩，讓人感覺與年齡對味又不失流行。

「這樣也不錯，那樣也蠻適合我的。」若一直都抱持著對任何事物都躍躍欲試的心態，非得花上一筆可觀的治裝費不可。尤其是在結婚生子之後，根本沒有多餘的時間和金錢來追求流行，倘若不趁早設法改掉這種愛跟隨流行的惡習，屆時難保不會引起家庭革命了。

義無反顧追逐流行的人，天生充滿著自我表現的欲望，流行的裝扮，爲的就是要吸引衆人的目光。有時會突發奇想到美容院剪個和超人氣偶像相同的髮型。常常想要模仿偉人、位高權重的人，或是受歡迎的藝人，把尊敬的對象當成模仿的目標，希望自己無論個性或生活方式能完全融入他們。這個動作的背後無非是在內心期望自己有朝一日也能像他們一樣成功。這是一種無法完全從幼兒狀態跳脫出來的人格發展。

倘若模仿的對象能從一而終的話，倒也沒什麼不好，但若是A竄紅時就追隨A的腳步，B崛起時就模仿B的造型，如此一來，便失去了自己的個性和特色，自己的人生也就會這樣隨波逐流地終了一生。

如果你的身邊有這種盲目追隨流行風潮的人，把他視為「無法信用的人」準沒錯。因為其反覆無常、難以捉摸的個性，會不斷變更自己所訂下的方針，讓人無所適從。所以這類型的人永遠難以建立穩定長遠的人際關係。

18 裝扮全身卻忽略鞋子的人，是虛榮心作祟？

你可曾細心留意，周遭的人足下穿著何種樣式的鞋子呢？我們經常將目光集中在對方的服飾或配件，很少游移到腳的部分。會從上到下打量一個人，連鞋子都不放過的人，應該不多吧！

正因爲如此，鞋子被人們所忽略也是很自然的事。西裝上只要沾上了一點點污漬，我們便緊張的送往洗衣店處理，同樣的情況發生在鞋子上，我們就不是那麼在意了。因此一個連足下的打扮都不放過的人，是相當注重形象的人，從頭到腳甚至於細微的地方都照顧周到，毫不輕忽。

通常擁有三十套服裝的人，不見得同時擁有三十雙鞋子。而會利用各式各樣不同的鞋型來搭配服裝，是對於自己的外表儀容格外重視的人，當然其首要的條件，必須在經濟方面要相當寬裕才行。

一般人大多只注意到上半身的打扮是否合宜，而容易忽略掉鞋子是否搭配得當。所以，能夠將全身上下都顧慮周全的人，可說是平衡感相當不錯的人，待人處事方面也都能做得面面俱到。

有些人全身上下穿的都是名牌貨，唯獨鞋子是便宜的地攤貨，只著眼於人們注意得到的地方，而將不顯眼的地方草草略過、眼不見爲淨。這種外表打扮得光鮮亮麗，但是他人目光不及之處，卻不願多花時間、心思整頓，像這樣只注重表面工夫的虛榮心態，是非常要不得的。

據說日本警視廳的警察，都以「服裝穿著打扮是否協調」的標準來注意馬路上過往的行人。例如穿著西裝筆挺，鞋子卻髒兮兮、鬆垮垮的；或者服裝邋裡邋遢，鞋子、皮包卻閃閃發亮；有這種裝扮極不協調的人，就會被列爲值得多加注意的人物。同樣的，我們也可以拿這一點來作爲評斷他人的準則，以及整肅自己儀容時必須注意的事項。

19 由鞋跟磨損的情況檢視對方的人生觀

看看自己的鞋底，仔細觀察鞋跟磨損的方式。哪個部分磨損得最嚴重呢？只有外側磨損？或是兩邊平均磨損？又或者是只有右腳磨損，左腳完好無缺？

我們總是以為自己走路，是四平八穩的往前走，並沒有偏向哪個方向。但是由鞋跟磨損的樣子，我們可以清楚看到自己走路時的重心，偏向哪一個方向。一般以正常的姿勢走路，鞋跟磨損的程度應該是兩邊平均的；但若重心偏向任何一邊，便會對脊椎以及腰部造成不小的負擔及壓迫，所以應該儘量注意自己走路時的姿勢，使鞋跟兩邊磨損程度均等。

鞋跟兩側往外磨損的人，是典型的O型腿，屬於不吐不快，藏不住任何祕密的類型。就算是私人的事情，也毫不保留，一古腦兒地全盤托出，個性坦率，直來直往，面對初次見面的人，也毫不擺架子，很容易和他人打成一片。有時甚至顯得太過坦率、不懂得含蓄、收斂一點，但這種個性卻不至於使人厭惡。

相反地，若是鞋跟兩邊往內側磨損的人，則屬於不易向他人敞開心胸的神祕主義者。他們或許表面上對你非常親切，但若要讓他對你眞誠地推心置腹是非常困難的，是屬於難以親近的類型。

也有左右腳跟磨損方式完全不同的人，這類型的人在人前所表現的自己，和實際上的自己完全不同。例如在人前裝出隨和、平易近人的模樣，凡事都配合他人的步調，但內心卻是冥頑不靈的，絕不願爲了他人而改變自己的想法。正因爲此種差異和矛盾，這一類型的人常處於矛盾的痛苦煎熬中。

隨著年齡的增長及人生閱歷的增加，大部分的人都會逐漸地變得「圓融」，不平衡的性格會逐漸地趨於平衡，卻不表示人們不再擁有自己的個性。

或許有些人會這麼想「這就是我的個性，我這樣就很好了！」而不願努力改變，這種聽天由命的態度其實稱不上是個性。所謂「個性」，與其說是與生俱來的天性，不如說是如何利用這些與生俱來的天性，去創造自己的人生，尋找一種適合自己的生存方式與態度來得更貼切，不是嗎？

20 領帶透露著什麼訊息？

領帶加上西裝，可說是白領階級的標準制服。隨著上班生態的改變，不必繫領帶的上班族似乎增加了不少。例如外商公司的工作人員，多半可以自由搭配服裝，沒有限制非要穿一板一眼的西裝不可。

領帶給人的感覺是拘束、不自由，回到家還繫著領帶休息的人，應該是寥寥無幾吧！下了班踏入家門，解開領帶的瞬間，也就是勞累一天的結束。如果不是上班文化需要繫上這令人窒息的領帶，應該沒有人會主動想去繫上它。比起那些需要繫領帶的上班族，不需要繫領帶的人在工作上的自由度就相對升高，人也顯得開朗許多，或許是頸子上少了束縛的緣故吧！

領帶雖小，卻具有區分「工作」及「私生活」的功能。早上出門前「繫領帶」的這個動作，就像是將自己的自由賣給公司的一種儀式似的，親自動手將繩子套在自己的脖子上，綁住了一份維持生計的工作，同時也綁住了自己的自由。

回到家後，將頸項上的繩子鬆綁，重新呼吸自由的空氣，象徵性的意義其實是非常重要的。若在公司和家裡的心情完全一樣的話，在公司有著與家裡同樣放鬆的心情，懶懶散散毫無衝勁；在家中還是有著兢兢業業的上班情緒，無法眞正放鬆心情、安定下來。這樣不是會把工作搞砸，就是把自己的身體弄壞了。所以，「制服」所扮演的角色，就是在工作和私生活之間，作爲情緒轉換的工具，其功能不可小覷。

釐清公私之間的界線，並不是要大家成爲雙重人格的人。在我們的體內有種稱作自律神經的東西，白天時交感神經活躍，到了夜晚則交接給副交感神經掌管。當我們處於緊張狀態時，身體是由交感神經來控制；而當我們吃飯、睡覺，身體呈放鬆狀態時，則是由副交感神經來支配。

若能將這兩者的交替處理得當，對身體是有益無害的；反之，若不能好好處理的話，就會像出國旅行遇到時差調適不過來，身體便會出現不適。所以該放鬆時放鬆，該嚴肅時嚴肅，應該好好區分清楚才是。

21 由手錶看出時間觀念

鐘錶大致分為兩種形式，一種是以指針表示時間的機械錶，另一種則是以數字來表示時間的電子錶。看時間時，一般認為還是機械錶較為方便，因為時針分針分布之角度所呈現出的圖形，只要稍事辨別，馬上就能知道時間。

若約會的時間是七點鐘，我們看機械錶指在大約六點五十分的地方，眼睛輕輕一瞥，直覺馬上告訴我們「還有十分鐘」；而電子錶是以數字來表示時間，錶上所呈現的是「18：48」，這種方式我們同樣可以很快地在腦中計算「大約還有十分鐘」，但是比起機械錶，反應似乎還是稍嫌慢了一點。

錄影機、傳眞機上的時間顯示都是以數字來表示，這是因為錄影機的預約方式無法以「大約九點開始」來設定，而是以分、秒作為辨識單位，所以必須使用電子錶。

習慣使用電子錶的人，通常對時間較為計較，一分一秒都要計算相當準確；而偏好使用機械錶的人，生活步調則較為悠閒。

也可以說喜好機械錶的人，習慣於探討事物的全面性；而喜歡配帶電子錶的人卻經常只拘泥於細節，容易陷入吹毛求疵的窘境。

生活周遭當然也少不了一些不喜歡戴手錶的人，他們討厭手上有附有物的感覺，尤其是夏天流汗時，更是覺得麻煩及不舒服。反正身處文明世紀的今日，不管走到哪裡都不愁沒有鐘錶可看，即使自己不戴錶，也不至於造成極大的不便，於是能不戴便不戴！

甚至於絕對不戴手錶的人也是大有人在。不肯配戴的原因，是討厭被束縛的感覺吧！「時間」，是現實生活中衆多規則中的一種，這些人不想被這種俗物纏身！這一類型的人率性而爲，排斥朝九晚五的工作及一成不變的婚姻生活，是堅持追求自由的人。

而近年來，擁有手機的人口與日俱增，大多數的手機上都有顯示時間的功能，如此一來，手錶的存在更是可有可無了。

22 透過傘也可看出一些玄機

目前市面上有一種摺疊傘，是一種小型、可隨身攜帶，十分方便的用具。

一般來說，習慣將摺疊傘隨身攜帶，以備不時之需的人，其處理事情通常是面面俱到，而且對於適應環境的能力極強，是屬於會注意小節的類型，和大而化之的人比較起來，處理事情要來得細心許多。他們對於自己的未來早已作了詳盡的規劃，而且從年輕開始就已經辛勤地儲蓄金錢，爲將來的事業鋪路。

這種類型的人，在團體生活中若遇上需要分組的時候，往往希望能單獨一組。他們凡事都會預先想好配套的措施，「如果演變成這樣的話，我就……」或「這種情況下，我應該……」，對各種情況做出各式各樣的事前模擬。

再者，偏愛使用長柄雨傘的人，可以分作兩種類型。一種是如果不下雨就不帶雨傘，另一種是看到天氣變壞了可能會下雨時，不選擇攜帶方便的摺疊傘，而選擇較麻煩的長柄雨傘。

看到天氣預報事先知道會下雨，因而帶著雨傘出門的人，多半是心思細膩的類型。如果和慣用摺疊傘的人比較起來，攜帶長柄雨傘出門的人，其「我行我素」的傾向更強，處世非常有見地，常為了堅持自己的意見，不惜和周圍的人發生衝突。

若幸運的話，他們很有機會成為團體中的領導者，但若無法得到成員的支持，很容易被孤立。建議有這種傾向的人，盡量遠離必須依靠群體合作才能完成的工作，選擇可以獨立完成的工作較為妥當，以自己獨特的創意盡心盡力的在工作上尋求表現，終究能使他人信服。

此外，不喜歡攜帶雨具出門的人，具備冒險的精神，對人的警覺心及防備心也較薄弱。心想「兵來將擋，水來土掩」，不太會做事前的準備工作，屬於「船到橋頭自然直」的個性，做事漫無計畫，總想憑著自己過人的膽識過關斬將，但也經常因此付出慘痛的代價。

另外，還有一種經常弄丟傘的人。這種人是屬於注意力相當集中的類型，容易因為過度熱衷於一件事情，而忽略了其他的事物。例如在電車上專注地看書，以致於忘了身邊的雨傘。

他們對於身外之物較不關心，反倒是對於內在事物的探討持有較濃厚的興趣。

他們不是那種會在電車上，左顧右盼觀察周遭動靜的人；即使第一次造訪友人的房間，也不會多加留意。在路上行走時，對於路旁的花花草草，也很少駐足觀看，通常是專心一意地邊走邊思考事情。

這類型的人，似乎不是商業方面的長才，比較適合從事與學術研究相關的工作，只要做對了工作，他們幾乎都能發揮喜好鑽研的本性，渾然忘我到廢寢忘食的地步。

23 服裝、配飾象徵地位

對初次見面的人，我們通常第一眼注意的就是他的穿著與打扮。曾經有位喜劇演員穿著乞丐的服裝，進入數家商店做實驗，其結果都被店家趕了出來，甚至招攬計程車時，也會因爲其穿著破舊，而沒有一部計程車願意停下來。

總之，服裝是身分及地位的重要表徵，這點我們應該可以體會得到。

曾有人提出，服裝與配戴物，給人的第一印象有很大的影響力，因爲穿著必須配合其活動場合，不同的穿著就會有不同的行爲舉止。一個人的生活素質及周遭旁人對他的看法，都可從服飾上看出。

總是穿著或配飾著外國名牌服飾的男性，有著自己是和別人不可相提並論的自負感。例如，愛拿著名牌東西走在街上，又喜歡故意把名牌的商標外露讓人可以明顯地看到，就表示他希望讓人知道他過著高水準的生活。而開進口大轎車者，也大多具有某種程度的炫耀心態。

所以，服裝或配飾在一個人尚未開口講話之前，就已經不知不覺中洩露很多有關他的事了。以下介紹一些利用配飾來觀察人的方法：

⊙領結

領結給人兩種印象，第一種是飯店或餐廳的服務生，另一種就是上流社會，或者貴族的印象。令人覺得不可思議的是，大部分年輕時辛勤工作，嚮往著一流事物的人，都特別喜愛領結。另外，有很多人是對自己身高不滿，希望能長得更高，也比較鍾愛領結。在頸部，繫個蝴蝶結，會給人一種較高貴的錯覺，甚至也讓人覺得比較高。中小企業的老闆或是花了畢生精力追求財富者，大多是屬於此種類型。另外，喜歡繫蝴蝶結的人大多蠻小氣的，不管做什麼，也都很囉嗦，比較不果斷。

⊙領帶

經常繫紅色領帶的男性，總想引人注意，想讓大家認同其能力，是個虛榮心較強的人。平常都打藍色領帶，某天突然繫個紅色領帶，就是這種心態使然。而且，大部分都比較愛講話。什麼事都輕易答應，卻又不去實行。和此類型男性洽談時，若不仔細地商量，成功的可能性是很渺茫的。一旦喝酒，聲音會越來越大，此爲其特點。

另外，喜歡繫藍色或紫色領帶的男性，則屬於浪漫主義的幻想家，只會幻想，很少眞正付諸行動，行動力稍嫌不足。

繫著和衣服完全不同色系的領帶，或者繫茶色系或灰色系領帶的人，是屬於冷靜且保守型的。不會無緣無故地冒險，一旦認爲自己的想法是正確的，就不會輕易改變。此類型的男性較愛戴高帽子，人家稍一稱讚，他就樂不思蜀。

領帶上的花紋不同，個性也不同。普通斜線花紋者，是適應性較強的商人，屬安全型人物。而領帶沒有任何花紋者，是溫和保守型人物，不輕易地將自己的本性表現在外。偏愛水滴狀或華麗紋路領帶的人，總是會表現出一副能受女孩子歡迎的形象。

⊙男性的戒指表現出自己的主張

對於男士的手，最先要注意的大概是他的戒指吧！注意看看左手的無名指，如果有戴戒指的話，就表示他對家庭及夫妻生活，有著某種程度的理想，即所謂家庭至上主義者，是個具有安定性的人物。相反的，沒有戴戒指者，則表示他不想被認爲已被家庭安定下來，想顯示自己還過著自由自在、無拘無束的生活。

但是，隨便戴個引人注目的戒指，則表示他自我顯示的欲望強烈，比較愛慕虛榮。對金錢或自己的身分地位相當有自信，和女性交往也總愛展現自己的經濟能力。此類型的男性，在自己所欣賞的女孩子面前，特別喜歡妝飾打扮，愛慕虛榮。

一般說來，喜歡戴銀色戒指的人，都有支配自己的欲求，自視甚高。相對地，戴金色戒指的人，通常有強烈的自我意識，對任何事都喜歡採取強硬的態度，迫使他人就範。

⊙公事包是了解生活水準的關鍵

從人們使用的公事包，你可以看出此人的生活水準及職等。如：拿著高級而又堅固的皮包的人，大都是善於運用資金的有錢人。那些提著皮革製，既堅固耐用，又方便手提的公事包的人們，普遍經濟來源優渥，生活富裕，而且不論公事、私事都進行得很順利的人。

24 如何洞悉對方的經濟狀態

以前的商人，據說只要觀察顧客的服裝，就可判斷他的生活情況及經濟狀態。來店裡購物的客人，只要從他的穿著打扮，就可一眼看穿他的家境，這也是旅館經理必修的課程之一，他們一看到客人，就得馬上判斷他屬於那一類型。他們職業性的觀察力，都非常準確。

在整體服裝穿著上，最能看出一個人個性或經濟狀況的，大概是西裝口袋（特別是胸前的口袋）和眼鏡的整體搭配了。現在，我們就以這三者爲中心介紹如下：

⊙胸前口袋

①置有裝飾手帕者

西裝胸前口袋裡，放著裝飾手帕的人，表示他對於自己的社會地位及能力相當有自信。但是，這種人心裡又很希望得到別人的稱讚，而且是不合實際、超乎事實的讚美。尤其是女性前，更希望人家對她說好話，而在強烈期待對方能了解且接受他的長處時，更會刻意動一動胸前的手帕。

②置有鋼筆及記事本者

表現出想把對工作的熱誠傳達給對方的心情。特別是工作或事業上很順利時，大多會出現這種狀況。對工作相當積極、熱心，大都屬於腳踏實地的努力類型。只是這類型的人常常會突然無緣無故地發言講話，總覺得他好像少了一根筋似的。

③什麼都沒有的

口袋中什麼都不放的人，總愛把自己強行推銷給別人，不會做多餘的裝飾，喜歡自自然然地表現出他的本性。

④置有太陽眼鏡或雪茄者

口袋中放有太陽眼鏡或雪茄的人，會以強硬的態度，將自己推銷給對方。

⊙眼鏡

觀察他人的眼鏡，可以了解他的經濟狀態或他對工作的態度。

①名牌鏡框

肯花錢配戴名牌眼鏡者，應是家境富裕，而且經濟情況穩定者。

②名牌鏡片

有些從商的人，在接待客戶時，如果對方的鏡片很髒的話，他們就會覺得對方可能是個不講信用的人。總之，在重要會議而又需要發言時，你的鏡片一定要擦拭乾淨，否則別人會認爲你對工作缺乏誠意。

⊙整體服裝的搭配

一個人的經濟狀態，並不是從服裝上就可以完全看出來的。應該還要注意觀察平常所不易看到的地方，他花了多少錢？從一些細微處我們大概可看得出，某人的經濟狀況如何？這時，皮帶就是我們最大的線索。

皮帶破爛不堪，而且家裡有一大堆破舊的東西也不汰舊換新，表示此人生活不安定，即使每天都必須用的日常用品，也捨不得花錢買。

別人看到的地方，會花錢裝飾，而別人看不到之處，卻又破舊不堪，正說明此人經濟狀況不佳。除了皮帶之外，觀察他的體型也是了解其生活水準的關鍵之一。偷瞄他皮帶上的洞孔，看看洞孔移動的痕跡，甚至連洞的形狀都變形了，有這種情形的人表示其體重變化很大，且健康狀態似乎也不怎麼穩定。

而同樣的服裝整體的搭配，也是很重要的。譬如，繫著高級的領帶，卻穿著一雙破爛不堪的大皮鞋；或者手上戴的是外國名錶，卻戴著一付地攤買的眼鏡。有這樣傾向的人，大概在生活上頗爲拮据，且無法滿足自己的需求，即金錢上有很大的困難。

特別是皮鞋若又破又髒的，就是他生活拮据的最佳寫照。不管身上穿的名牌服飾有多高級，但腳上穿著一雙髒鞋，繫的是滿布皺摺的領帶，衣服也沒有燙得很平整，這在在都顯示出其日常生活非常辛苦，且家庭生活應該不太和諧。

言行舉止篇

Chapter 3

99 Knacks
to see Through
Ones's Notions

25 言行舉止是一個人內心世界的鏡子

所謂「聽其言，觀其行」，人們通常從話語當中去剖析事理，瞭解事情眞相，如果可以同時參考說話者的態度，看準一個人或一件事的機率將更高。經心理學家長期的觀察，對上千人次做了調查研究，將一些人的行爲舉止進行歸納分析，發現人的動作表情能反映他們的內心世界，並顯現了他們的眞實性格。

與人談話或聆聽別人說話時，會習慣性點頭的人較能關心他人和體貼別人，同時也是願意向他人伸出援手的人，屬於熱心助人的類型。

與人交談時，習慣長時間注視著對方的眼神，顯示此人的性格和意志非常堅定，眼光充滿著力量。

大部分習慣凝視對方眼神者，表示想瞭解或看透對方內心的變化，與上述凝視對方眼神稍有不同的地方，就是有些人喜歡與對方的眼光頻頻接觸，此種人的性格充滿著自信與直爽，做任何事都能專心一志，待人接物講究禮貌，爲他人設想周到，善於和他人相交共處。

平時習慣把手放在口袋裡的人，善於自我保護；相對的，也較沒有安全感。

有些人經常會作出一些誇張的舉動，例如握拳、拍人肩膀等，這種人性格熱情，認爲單單用語言不能完全表達自己的情感，所以會加上動作來彌補言語的不足，他認爲只有誇張的動作才能讓他的熱情達到頂點。

有些人談話時喜歡東拉西扯，還頻頻打斷別人的話題，他們的性格傾向是躁進、欠缺穩重，做事往往虎頭蛇尾，雷聲大雨點小。

有些人在交談時，目光斜視，心不在焉，這種人屬於精神渙散者，表現在外的是辦事拖拉，得過且過，不能集中精神應付接手的任務，毫無責任感。

有些人眼光飄忽，眼神捉摸不定，喜歡乘人不注意時窺視他人，這種人工於心計，機關算盡，屬於心術不正的類型。

26 爲什麼有人喜歡以碰觸他人身體表示友好？

「近來如何？」「好久不見，最近過得好嗎？」邊寒暄，邊將手搭在對方肩上，另一手則緊緊握住對方的手，這種習慣以碰觸他人身體表示友好的人，一般人的印象多半是政治家或是中小企業董事長的身段。雖說此舉是爲了展現親和力，但難免令人感覺過度親暱而渾身不自在，那是因爲國人並沒有藉著身體接觸來表示友好的習慣，所以如果你有這種習性、又不懂得分寸的拿捏，是會被貼上不受歡迎的標籤，尤其是男性朋友若對女性做出這類動作的話，很可能被誤解爲性騷擾。

如果對方是自己不討厭的人，那還無所謂，若是被自己沒有好感的人碰觸到身體的話，不但覺得被侵犯了，甚至還想破口大罵說：「你這人怎麼搞的，眞是噁心死了！」

站在碰觸者的立場來看，他無非是想將好意傳達給對方，藉以拉近彼此的距離罷了。一般以外形來分類的話，通常體型較胖的人善於社交，喜歡熱情的碰觸他人，而體型瘦小的人，較爲拘謹，既厭惡被人碰觸，也不喜歡碰觸別人。

初次見面就以碰觸對方身體來打招呼的人，通常是過分自信的人。這種人完全不在乎對方的感受，單憑直覺認爲這種舉動可拉近彼此的距離，把他人當作自己的部屬來照顧，就像愛護寵物一樣。

若你樂於接受這種人的舉動，便會得到很好的照顧；反之，他則會認爲你「背叛」了他，翻臉就像翻書似的，輕易將你趕出他的勢力範圍。

和這種人相處，如果一開始你就甘心以部屬的身分跟隨他左右，便永遠無法翻身，很可能一直都得看人眼色，在人屋簷下不得不低頭。如果你不希望如此，剛開始交往就必須有技巧地與這種人保持適當的距離，避免成爲他的「身邊人」。因爲時日一久，當你不想再追隨他時，他便會有「被自己飼養的狗咬了一口」的感覺，因而與你反目成仇，甚至把你視爲敵人。

如果突然之間，他不再像以往那樣對你勾肩搭背時，你就應該小心爲妙，因爲肢體語言告訴你，他已經將你排除在朋友之外了。

27 握手也能傳達心意

工作上即將展開一個新的計畫時，初次合作的夥伴們，一定會先互相打招呼、握手寒暄，若你對這個計畫充滿幹勁，伸出去的手，自然也就充滿了力量。根據肢體語言學專家A・馬萊比昂的研究，一個強而有力的握手，會將自己的熱情、溫暖及善意傳遞給對方。它意味著「我們一起加油吧！」或者「我對你的印象很不錯。」

但在某些情況下，它所代表的也可能是「我絕不會輸給你！」的宣言。目不轉睛盯著對方，令對手感到壓力，藉由用力的握手告訴對方，我才是主導者，在氣勢上便贏了一大截。不論想表達的是哪一種意義，被握者皆能感受到其力量與熱誠，相反的，缺乏幹勁、柔弱無力的人，其伸出來的手想必也是有氣無力的。馬萊比昂認為虛軟無力的握手，傳達的是缺乏誠意、不想和你共事的感覺。

這種消極的態度，單憑一個握手便會傳達給對方，讓對方洞悉你的心意。所以，就算你內心有所顧忌，對於初次見面時的握手，還是不應該輕忽。

28 舉手投足透露人的心思

人的情緒，最直接的反應是在臉上。如果強忍情緒佯裝面無表情，這時，內心的情緒便會在手腳的動作中流露出來。

譬如正在洽談生意時，誰都不想讓對方從自己的臉上，知道自己的想法而盡量偽裝自己的表情，但是在桌子下方，手腳卻開始不安起來。相信大家都有過這種經驗。所以，要想知道對方的想法，除了面部表情之外，仔細觀察對方的肢體語言，必定會有所收穫。

當你發覺對方神色有異時，偷偷瞄一下桌子底下，或許對方的腳正不安地晃動著呢！

曾有人做過如下的實驗：請一位心事重重者，在鏡頭前佯裝愉悅地說：「我非常幸福！」然後將這畫面請三組人觀看。第一組只看「頭部」的部分，第二組只看「頭部以下」的部分，第三組則觀察「整體」。實驗結果，最早發現主角在說謊的是「只看頭部以下部分」的第二組。

只看頭部這組看到的是，主角微笑著說「我很幸福！」所接收到的訊息是友善、開朗的印象。

觀察整體這組，答案為「機靈、多變的」。因為頭部以上和以下所給予的情報似乎是互相矛盾，受試者認為身體各部位所表現的不盡相同，因此對實驗中主角的印象是「多變的」。

至於只看頭部以下的這組，其感覺是「緊張、神經質、被害意識強烈、迷惑、心事重重」，而正是正確的解答。

一般人聊天時，並不會刻意去撒謊，難過時便表現出難過的樣子，開心時便表現出開心的表情。在這種情況下，若只看表情的部分，就足以判斷對方的心思。但在對方刻意有所隱瞞的情況下，不妨仔細觀察頭部以下的小動作。如果只注意臉部表情的話，是很容易被矇騙的。

29 走路姿態是性格的投射

走路是牙牙學語的孩童都會的事，雖是與生俱有的天賦，但是這種看似不經意的動作，有時反而最能反應一個人的特性。譬如因循苟且之人，與明快果斷之人，其走路姿態絕對是迥然不同。如果這樣的分析是正確的，那麼隨著每個人走路姿態的不同，可以從中找出姿勢與個性的連結。

1.步履平穩型：這種人注重現實，精明而穩健，凡事三思而後行，不好高騖遠。重信義重然諾，不輕信人言，是值得信賴的人。

2.步履急促型：不論有無急事，任何時候都顯得步履匆匆。這類人明快有效率，遇事不推委卸責，精力充沛，喜愛面對各種挑戰。

3.上身微傾型：走路時上身向前微傾的人，個性平和內向，謙虛而含蓄，不善言辭；與人相處，外冷內熱，表面上沉默冷淡，實際上極重情義，一旦與人成為知交，誓死不渝。

4.昂首闊步型：這類人以自我為中心，凡事只相信自己，對於人際關係較淡漠，但思維敏捷，做事有條不紊，富有組織事物的能力。自始至終都能保持自己的完美形象。

5.款款搖曳型：這種走路姿態多半是女性，她們腰肢款擺，搖曳生姿，爲人坦誠熱情，心地善良，容易相處，在社交場合中永遠是受人歡迎的人氣王。古代的相書將這種走路姿態的女人視爲放蕩成性，但隨著時代不同，新時代有新的見解。

6.步履整齊雙手規則擺動型：這類人對待自己如軍人般，意志力相當堅強，具有高度組織能力，但容易偏向武斷獨裁。對生命及信念固執專注，不易爲人所動，不惜犧牲性命去達成自己的目標與理想。

7.八字型：雙足向內或向外，形成八字狀，走起路來用力且急躁，但是上半身卻維持不動。這種人不喜歡交際，但頭腦聰明，做起事來總是不動聲色，偶而有守舊和虛僞的傾向。

8.漫不經心型：步伐散漫，毫無固定規律可循，有時雙手插進褲袋裡，雙肩緊縮，有時雙手伸開，挺胸闊步。這種人達觀、大方、不拘小節，慷慨有義氣，有創業的雄心，但有時容易變成浮誇，遇到爭執絕不肯讓人。

9.腳踏實地型：雙足落地時鏗鏘有聲，抬頭挺胸，舉步快捷。這種人胸懷大志，富於進取心，理智與感情並重。

10.斯文型：雙足平放，雙手自然擺動，走起路來異常斯文，毫不扭捏。這種人膽小、保守，缺乏遠大理想，但遇事冷靜沉著，不易發怒。

11.衝鋒陷陣型：舉步快速迅捷，從不瞻前顧後，不管人群擁擠或人煙罕至之地，一律橫衝直撞。這種人性格急躁、坦白，喜交談，不會做出對不起朋友的事來。

12.躊躇滿志型：舉步維艱，躊躇不前，彷彿前端布滿陷阱似的。這種人個性軟弱，遇事總是思考再三，嚴格考量，但憨直無欺，重感情，交友謹慎。

13.混亂不堪型：雙足與雙手揮動不平均，步伐長短不齊，頻率複雜。這種人善忘、多疑，做事往往不負責任。

14.觀望不前型：行走遲緩，瞻前顧後，閃閃躲躲，彷彿做了虧心事。這種人胸無大志，好貪小便宜，不善與朋友交往，喜歡獨處，工作效率低。

15.扭捏作態型：走路如迎風楊柳，左右搖擺。這種人好裝腔作勢，做事不肯負責，氣量狹小，個性奸詐，善於諂媚。

16.吊腳型：步履輕佻，身軀飄浮。這種人生性狡猾，有小聰明但不能用於善端。性情陰沉，憤怒不會顯露於臉上，當他肯幫助別人時，通常都要索取高昂的代價。

17.踉蹌型：舉步蹣跚，忽前忽後，喜歡在人群中東奔西竄。這種人做事粗心大意，但慷慨好施，不求名利，安分守己。愛熱鬧，健談，思想單純，喜歡做戶外活動。

18.攜物型：走路總愛攜帶物品，如書籍、腰包等，否則就覺得空蕩蕩無所依恃。這種人心情憂鬱、性格內向，又或者是悲觀主義者，或嚴重自卑的人。

30 不自覺地抖腳是內心緊張的外顯行爲

抖腳是緊張和不滿的表現。當腳部微微地顫抖時，會將微弱的刺激傳達至腦部，對於精神上的緊張具有緩和的作用。因此有些人便藉由抖腳，設法消除緊張感。若說是爲了要將刺激傳達至腦部的話，其實晃動手也有同樣效果，何以大多數人都喜歡抖腳呢？主要是因爲腳的部位沒有手來得明顯。爲了不想讓他人察覺到自己的緊張，儘量隱藏緊張情緒的結果，使得兩腳不由自主地抖了起來。

加州大學羅勃特・索曼博士所做的研究中，有這樣一個例子。在某些情況下，若有人過於靠近自己，或感覺到自己的勢力空間被他人侵犯時，腳尖便會開始敲打地面。這是因爲人體在面臨威脅而感到焦慮不安時，所作出一種抗拒對方的信號。

倘若與你說話的對象不停抖腳，即代表他的內心正處於緊張不安。很有可能是你不小心碰觸到他的禁忌所致，應設法改變話題使對方鬆懈下來。

有不停抖腳習慣的人，不僅容易緊張，而且也對日常生活感到不滿，是無法克服焦躁的人。正因爲凡事要求過高，在無法如願地達到自己要求的程度時，便產生了不滿的情緒。是屬於以自我爲中心的人。

這一類型的人孩子氣也較重，似乎脫離不了母親的羽翼，經常需要別人的呵護才能穩定下來。由於孩子氣的個性使然，使他外表看起來沒耐性、容易厭煩，很難定下心來好好將一件事情做完，每當腦中湧出新的想法時，興趣很快就會轉移到別處去。

身爲老闆的你，若想重用這類型的人，絕對不要用不需創意的庶務性工作拴住他，如此才能將他的才華源源不絕地激發出來，許多精采的企劃將因此不斷湧出。可惜的是這種人通常只擁有企劃的頭腦，欠缺執行的毅力。

31 了解手心冒汗者的內心世界

手心容易冒汗的人，絕大多數身體也容易出汗。這類人通常是外向、長袖善舞的社交類型。

意外的是，他們對人的好惡非常明顯，甚至有怕生傾向。善於與人交往者，事實上在心中對於喜歡或討厭的分野，是壁壘分明的，正因為壁壘分明，對自己厭惡的人會保持不撕破臉的適當距離；反之，與喜歡的人交往便相對熱絡許多。

而擁有這類性格的人由於對於人際關係異常重視，所以在與人相處上，壓力也超乎尋常的大。獨來獨往的人，對於自己是否受人歡迎，絲毫不以為意。而把與人相處視為人生第一大事的人來說，對他人所說的一字一句，則是十分在意。經常擔心「別人是如何看我的？自己剛才是否說得太過分了？」其擔心的程度，往往超過常人所能想像。

因此，這類型的人在面對初次見面者時，會因為絲毫不了解對方，而難免有些緊張，手心便不由自主地汗涔涔了。

32 經常以手托腮者有偏離現實的傾向

以手托腮的動作，是一種替代的行爲。是用自己的手代替母親或是情人的手，來擁抱自己、安慰自己。

在精神抖擻毫無煩惱的人身上，是不會看見這樣的舉動，只有在心中不滿、心事重重時，才會托著腮沉浸於自己的思緒中，藉此塡補心中的空虛與不安。

若你眼前的人，正用手托腮聽你說話時，那就表示他覺得目前這個話題很無趣，你的談話內容無法吸引他。或者他正在思考自己的事，希望你聽他說話。而如果你的情人出現這樣的舉動，也許他正厭倦沉悶的聊天，希望你給他一個熱情的擁抱呢！

若平日就習慣以手托腮的話，表示此人經常心不在焉，對現實生活感到不滿、空虛，期待新鮮的事物，夢想著在某處找到幸福。

想抓住幸福的話，不能只是用手托著腮幻想而什麼都不做。守株待兔便是這類型的人最佳的寫照。

有這種個性的人在談戀愛時，會強烈渴望被愛，總是祈求得到更多的愛，很難得到滿足，處於欲求不滿的狀態。

從另一個角度來看，這種人因爲覺得日常生活了無新意，而慣於沉浸在自己編織的世界中，偏離了現實，腦中盡是羅曼蒂克的情懷，與之交談，往往會有一些意想不到的有趣話題出現。

他就像一個愛撒嬌的孩子一樣，隨時需要呵護，但太過於溺愛也不是好事。拿捏好尺度，適度的滿足他的需求才是上策。而經常做出托腮動作的人，除了自我檢討是否因內心空虛產生的反射動作外，也應儘量充實自己，減輕內心的不安，試著透過心態的調整，改善表現在外的肢體動作。

33 以手遮口者喜歡隔岸觀火

「遮嘴」這個動作，通常也表示有所隱瞞。將不能說的祕密一不留神說溜嘴時，用手把口遮住。這個肢體語言所傳達的訊息，就是要自己「住嘴！」。手經常在嘴巴附近移動，或者習慣用手遮掩嘴巴的人，心中必定信奉「沉默是金」、「言多必失」的信條。

這類人不太向他人傾吐自己的心事，總是在某處冷眼旁觀事情的發展。當事情發生時，會以旁觀者的口吻說「果然不出我所料」。既不哭鬧也不動怒，情緒起伏不大，但這並不代表他可以冷靜地處理事情。這種人絕不會主動表示自己要做什麼，別人也無法得知他到底想做什麼？或許他心中正計畫著某件事情，卻不會輕易表現出來，別人也無從得知。

與他人交往時他也採取保持距離的心態，盡量避免過於黏膩的關係，給人冷漠的印象。若對他太過親密，反而易引起他的反感，就算他主動接近你，也不會讓你觸碰到他的心底深處。與這類型的人的相處之道，保持適當距離，才是明智之舉。

34 習慣性小動作背後的秘密

習慣用手碰觸身體的人很多，而調查報告也表示，大約有五四％的男性和七〇％的女性有這種習性。而碰觸自己身體的行為，一般稱作「自我親密性」，前面所提及的「以手托腮」，也是其中一種。

無論任何人，當他們處於悲傷寂寞、情緒不安時，都希望得到別人的慰藉。藉由溫柔的擁抱、身體的接觸，來撫慰自己的心靈。即使是喜歡獨處的人，還是會期盼溫情的慰藉。一個人打從出生以來，母親抱著你呵護你，父親牽著你的手玩耍，兄弟朋友和你玩在一起，身體上的碰觸絕對是有助於成長的。

大多數人在孩提時都有過類似的經驗，當你嚎啕大哭時，母親會將你拉到身邊抱著你、摸著你的頭安慰你，如此你激動的情緒便會逐漸平復下來，停止了哭泣。即便外形長大成人後，每當心緒煩躁不安時，心中還是會期望自己所愛的人能透過碰觸給予你鼓勵與安慰，這是非常自然的心理反應。

許多獨居在外的人喜歡飼養寵物來摟抱愛撫，甚至睡覺時使用「抱枕」，無非都是希望在其中得到安慰，這是因為他們無法得到自己所喜愛人的慰藉，轉而追求這些替代品。

而自己觸碰自己，也是替代行為的一種。有時，當我們遭遇挫敗、感到羞恥以致於情緒不穩定時，無意識地藉由碰觸自己的身體安慰自己，情緒便能隨之安定下來。

在這些行為中，也包含了「玩弄頭髮、拉扯頭髮」。當情緒不穩定時，有些人常會出現這些小動作。沒有愛人的人，很渴望有人對自己說一些溫柔的話語，就會藉由不停玩弄自己的頭髮來得到慰藉。

如果不只是輕輕玩弄頭髮，而是「拉扯」它的話，則是一種對自己的攻擊，對自己的無能的一種責備。彷彿在說：「你這傢伙到底在做什麼？不好好加油是不行的！」一邊在心裡激勵自己，另一方面卻在身體上折磨自己。

就像小時候被父母責罰一樣，現在等於是自己代替父母來懲罰自己。更嚴重的自虐狂還會不停地將自己的頭髮一撮撮拔下來呢！

不管是前述的哪一類人，喜歡拉扭自己頭髮的人皆為完美主義者，任何事都會要求自己做到最好。

因爲習慣責備自己，情緒總是無法獲得安定，所以非常期盼有人可以抱著自己說：「你已經做得很好了！」。所以有「玩弄頭髮、拉扯頭髮」習性的人，其心理層面是渴望有人可以依賴。

35 說話時喜歡比手畫腳的人辨事能力強

一般而言，比手畫腳的動作大的人個性大方，感情也豐富。和身體僵硬、言行拘謹的人正好相反，這種人的肢體動作和自己情感、情緒的表達有非常密切的關係。當情緒高昂時，身體的動作便很自然多了起來，若心中有不吐不快的事情時，手的動作也會不自覺的誇張起來。

這種人總是急於表達自己的情感、宣洩自己的情緒，因而忽略了體會他人的感覺，是屬於個性較為強勢的人。缺乏主見者若是和他們在一起，將會被其強勢的氣焰壓制住。正因為他們只考慮自己而忽視他人的感受，基本上是屬於較自私的個性。

但是，這類型的人在工作上大多相當有能力，由於個性積極，對自己想說的話、想做的事，都能透過流暢的表達能力，輕易地傳達給他人，再加上說服能力夠強，辦事情的成功率通常都很高。他們的動作誇大，好像在演戲似的，以致自己情緒的興奮、低落，很容易影響周遭的人，在工作職場上或團體中，可帶動他人和自己一起往前衝，是創造活絡氣氛、使大家融合爲一體的高手。

特別是那種連講電話時都會誇張地比手畫腳的人，明明看不到對方，卻好像對方就在眼前似的，這種人若對一件事物熱衷起來，其他的事便不會放在眼裡。除此之外，他們也是好勝心非常強的人，若有強勁對手出現的話，他們一定會使出渾身解數，絕不願輸給對方。

當他們筋疲力竭時，不妨讓他嚐嚐心灰意冷的滋味。因爲本身較爲情緒化，自己的情緒往往直接表露在臉上，是個性直接、容易交往的人。

這類型的人，不僅在工作上，對於玩樂和商場上的應酬，也毫不含糊，樣樣事都拿捏得十分恰當。可是一旦遭遇挫折，卻會變得異常脆弱，若再加上沒有賞識自己的上司，缺乏適時激勵自己的對手時，也會令他們油盡燈枯，欲振乏力。因此，他們也常常需要看一些勵志性的書籍，藉以鞭策自己。當他們感到失落時，與其對他們說一些鼓勵的話，還不如製造一個新的環境，讓他重新投入一個自己主演的劇情中，反而會讓他們更快速地振作起來。

36 雙臂交叉抱於胸前者的防衛心強

將雙臂交叉抱於胸前，是一種防禦性的姿勢，防禦來自眼前人的威脅感，保護自己免於恐懼，這是一種心理上的防衛，也代表對眼前人的排斥感。

這個動作似乎在傳達著「我不贊成你的意見」、「嗯……你所說的我完全不明白」、「我就是不欣賞你這個人」。當對方將雙臂交叉抱於胸前與你談話時，即使不斷點頭，其內心正表現出對你的意見不表贊同。

也有一些人在思考事情時，習慣將雙臂交叉抱於胸前，但是一般來說，有這種習慣的人，基本上是屬於警戒心強的類型。在自己與他人之間畫下一道防線，不習慣對別人敞開心胸，永遠和對方保持適當的距離，冷漠地觀察對方。

防衛心強的人，大多數在幼兒時期沒有得到父母親充分的愛，例如：母親沒有親自餵母乳、總是被寄放在托兒所、缺乏一些溫暖的身體接觸，在這種環境之下長大的人，特別容易表現出此種習性。

著名的日本演員田村正和，在電視劇中常擺出雙臂交叉抱於胸前的姿勢，也因此他給觀衆的感覺，絕不是親切坦率的鄰家大哥，而是高不可攀的紳士。他不是那種會把感情投入對方所說的話題中，陪著流淚或開懷大笑的類型。他心中似乎永遠藏有心事，在自己與他人之間築起一道看不見的牆。這種形象和他習慣將雙臂交叉抱於胸前的行為，似乎非常吻合。

個性直率的人通常肢體語言也較為自然放得開。當父母對孩子說「到這兒來！」想給孩子一個擁抱時，一定會張開雙臂，擁他入懷。試試看將雙臂交叉抱於胸前對孩子說「到這兒來！」孩子們絕不會認為你要擁抱他，而是擔心自己是否惹你生氣，準備挨罵了。

觀察一下對方，是習慣將雙臂交叉抱於胸前、還是自然的放於兩旁呢？自然放於兩旁的人，較為友善易於親近，並且可以很快地和你成為好朋友。不過，若你有不想告訴他人的祕密，又想找人商量時，請選擇習慣將雙臂抱於胸前的人。因為太過直率的人守不住祕密。而習慣將雙臂抱胸的人會將你的祕密守口如瓶。但是，要和這種人成為親密的朋友，可能要花上一段很長的時間。

37 搓鼻子是欲蓋彌彰的動作

說謊話者最擔心害怕的事，無疑的就是謊言被拆穿。只要心中存在祕密，便會有被對方看穿的恐懼，當你心懷恐懼時，臉上的表情也就越不自然。

爲了掩飾不自然的表情，就會藉由頻頻搓鼻子、揉眼睛，來轉移別人的注意力。經常觸摸臉部的人也給人不穩重的感覺，這是一種內心不安的外顯動作，不想讓人在自己的臉上，讀到企圖隱瞞的事。心虛地這裡摸摸、那裡碰一下的，反而更容易引起別人的注意。因爲無法完美地控制身體各部位的小動作，手才會不自覺地移到臉上，想藉此來蒙蔽對方的視線。

但是，這個動作也未必就是代表心中有鬼、蓄意撒謊。例如，朋友生日時，悄悄地準備生日禮物，想讓對方驚喜一番。這時候，也有可能會出現摸臉搓鼻子的動作。

又或者是，對某位異性深具好感，卻羞於表達，這種情況稱作「害羞之隱瞞」。也就是說心中明明深藏愛意，卻無法大方表白出來，於是便不知不覺地頻頻搓鼻子摸摸臉頰等。

另外還有一種人，邊摸鼻子邊客氣地說：「哪裡哪裡，這只不過是不足掛齒的小事罷了。」其實心中暗想：「怎麼樣？我很偉大吧！」這是想隱藏「自滿心理」的另一種表現。

還有一種是當事者並不是刻意想隱瞞事情，只是時機尙未成熟，但又不小心說溜了嘴，這時，便會驚慌失措地將手伸向自己的臉。

只要心中坦蕩，不想隱藏任何事情，無須提心吊膽被對方看穿自己的心意時，摸臉的小動作自然是不會出現的。

也有人爲了不想讓人發現自己有所隱瞞，十分克制地控制住自己的手，讓它們乖乖地放在下方，但卻萬萬沒想到，這時雙腳竟開始不安定起來了。總之，想要毫無破綻地隱瞞事情，不讓自己的小動作洩漏眞相是不太可能的。

38 手握聽筒的心理學

會用雙手握著聽筒講電話的人容易受暗示，耳根子軟，經常受他人左右。雙手握聽筒的女性，一談起戀愛，很容易受愛人影響，性格也隨之改變。雙手握聽筒的男性，多半帶有少許女性氣質，對於一些細微末節，往往也會左思右想，優柔寡斷，遲遲下不了決定。

聽筒稍微離開耳朵的女性，其行動力和社交活動力是相當積極的，並且有很高的自信心及好勝心，同時也希望生活周遭的旁人能夠注意她。但是，這樣的女性一旦遇到傾心的男性時，則一改任性的性格。相對而言，這種握聽筒方式的男性比較少見。

一手握聽筒，一手玩電話線的人較常見於女性，這類人喜歡空想，不但多愁善感，同時又脾氣倔強，在電話中一聊起天來往往沒完沒了。同樣的，這種握聽筒方式的男性較少見。

緊握電話的話筒部分的人，以男性居多，他們大都性格幹練、做事爽快；這種握聽筒方式的女性，對事物的好惡態度幾乎無法隱瞞，只要是她不喜歡的，任誰也說服不了她改變心意。遇事全憑自己的好惡，完全沒有通融的餘地，因而無法討男性的歡心。

握緊電話聽筒部分的人以女性居多，這樣的女性有歇斯底里的傾向，只要遇到不合心意的小事，立刻大發脾氣，翻臉如翻書，所以與周圍的人際關係處於一種緊張狀態。這種女性與異性相處時，往往任性而爲使對方束手無策，陷入困難的處境；不同的是，這種握聽筒方式的男性，常常因爲靈活多變，而人緣極佳。

家庭主婦整天被電話線綑住般短話長說的情形，是想藉由電話抒發無法外出的苦悶。還有一種，根本沒有什麼重要的事卻到處打電話找人聊天的人，屬於躁鬱體質且個性強。

說話談吐篇

Chapter 4

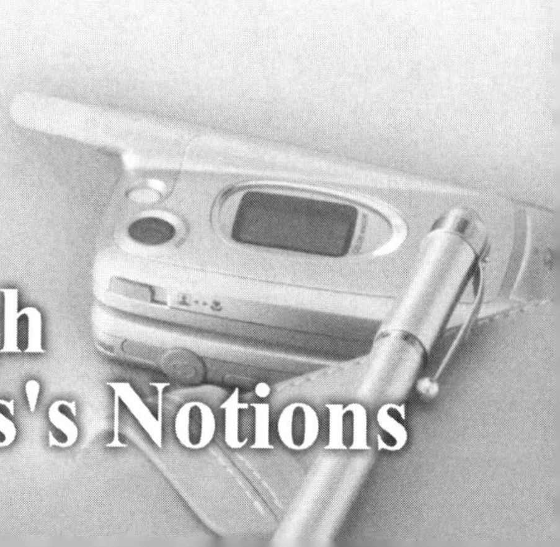

99 Knacks
to see Through
Ones's Notions

39 說話習慣與行爲模式的關係

由於說話習慣人言人殊，經由統計歸納結果就可以將說話習慣與一個人的行爲模式產生關聯，利用這種關聯作爲識人的基本資料，有時還比藉由星座分析來瞭解一個人更可靠。

經常將稱謂語中的「我」掛在嘴邊的人，具有幼稚、軟弱的性格。根據心理學家的研究，談話中頻頻使用「我」的人，自我表現欲強烈，時時忘不了強調自己，惟恐別人忽略了自己，而那種使用「我們」或「大家」來代替「我」的人，具有隨聲附和或團體合作的性格。

喜歡在談話中引用「名言」的人，大多屬於權威主義者。不論場合、不分談話對象和主題，在與別人的交談當中，使用名人的格言來駁斥對方或證明自己的論調。這種人缺乏自信，低估自己的能力，習慣借助他人之名來壯大聲勢。說話時如此，在生活和工作中也有類似的「狐假虎威」現象。

可用國語說清楚的事情，卻莫名其妙地蹦出幾句外語來，令聽者感到困惑和彆扭。這類人希望藉著語言來掩飾自己的弱點，多半是對於自己的學問、能力缺乏自信所致。

談話中喜歡引用母親說過的話，將「我媽說…」掛在嘴邊的人，在心理和精神上尚未獨立。有些女性借用母親的話來表現自己的意志，如「我媽媽說你很有風度…」等等。表示此人尚未成熟，沒有完全獨立的個性。

過分使用客套話的人，心理存有戒心。在人際交往中，恰當地使用客套話是必要的。但如果兩人的關係原本就相當好，一方卻突如其來地說些客套話，則說明「心中有鬼」或另有圖謀。同時，引用過度謙虛的言詞談話，表示此人很可能有強烈的嫉妒心、企圖心、輕蔑心、警戒心等等。

40 從談話速度和語氣洞悉人心

說話的速度快慢與一個人的性格，絕對脫不了關係，一個慢郎中絕不會說出如連珠炮般的話語來；而同樣一句話因為語氣不同，意思也會完全走樣。所以從一個人談話的速度和語氣觀察，是開啓一個人心理狀態的鎖鑰。

談話速度快的人，大多性子急；而那些說話慢條斯理的人，多是慢郎中，不管遇到什麼事情，總是不疾不徐，反應比別人慢半拍。

不滿對方或心懷敵意時，言談的速度就會放慢；相反的，當心裡有鬼或想欺騙他人時，說話的速度大多會加快。

一個平時沉默寡言的人，一時之間變得能言善辯、喋喋不休，表明其內心有不欲人知的秘密或心虛，想用快言快語作為掩飾。

充滿自信的人，談話時多用肯定語氣；缺乏自信或性格軟弱的人，談話的節奏多半慢條斯理、欲振乏力。

喜歡小小聲說話的人，不是對事物缺乏自信，就是女性化的表徵；而那些說起話來沒完沒了，希望話題無限延長的人，其內心潛藏著惟恐被別人打斷和反駁的不安，唯有這種人才會以盛氣凌人的架式談個不停。

喜歡用曖昧或不確定的語氣、詞彙作爲結束的人，害怕承擔責任。經常使用條件句的人，如「這只是我個人的看法」、「不能一概而論」、「在某種意義上」、「在某種情況下」等等，大多屬於神經質和怕得罪人的個性。

聆聽他人講話時，眼神無法集中，東張西望或玩弄手指頭，表示對談話者感到厭煩；而頻頻重複對方的話，表示具有高度的耐心與好奇心。

聽話時不停地大幅度點頭的人，表示正認眞的聽對方講話。而即使聽話時點頭示意，可是視線不集中於對方身上的人，表示對對方的話題沒有共鳴；點頭次數過多，或者胡亂附和的女性，多半不了解談話的內容；一面講話，一面自我附和的人，大都不容許對方反駁，性情極爲頑固，這種人不能與聽者進行交流，往往一人唱獨角戲，逕自下結論。

41 習慣說「不過」的人

常說「不過」的人，和常說「但是」的人，基本上是半斤八兩，都是屬於自我主張強烈的類型。然而兩者相比較之下，常說「但是」的人較具有主動的攻擊性，而喜歡說「不過」的人則是隱藏著被動的攻擊性。

習慣說「不過」的人，喜歡表現自我，期望得到衆人的注目，卻又不想引起他人的反感。例如以下的例子：

「雖然您這麼說，不過，應該是這樣不是嗎？」

「不過，那樣子可能行不通唷！」

這一類型的人習慣把責任推給別人，強調自己處於「無可奈何」的情況下，而刻意逃避必須負的責任。

這種人城府深、心機重，做任何事情都會預先設想，萬一失敗時要如何逃避責任的問題。「如果到時我被這樣責難的話，就用這個法子來搪塞過去」、「可能會被這樣批評，不過這也是沒有辦法的……」等等，心中預先演練各種可能會發生的狀況，並且預備好各式的台詞作爲藉口。

在跟人相處方面也是如此，第一次見面時，通常不會主動向對方表現友好，一般會採取保持距離以利觀察的策略，看看對方和自己是否是同一陣線的人？還是會扯自己後腿的人？經過謹慎的分析判斷之後，才會慢慢地接近對方。

表面上他們通常給人和藹可親的感覺，容易和人打成一片、融洽相處，但是一旦明瞭到對方並不是和自己站在同一陣線時，便會蠻不在乎的斬斷這份友情，過河拆橋，表現出其冷酷的一面。

若要讓他們對別人「推心置腹」，說出肺腑之言，是不太可能的，因爲他們隨時都處於警戒、防備的狀態之下，不容易解開心防。如果想和他們和諧共事的話，必須下相當大的工夫。一旦有事情發生時，也別指望他們會扛下責任，因爲他們會把一些莫須有的罪名加諸在你身上，因此，對這一類型的人你還是小心應對爲妙！

42 交談中，經常將「可是」掛在嘴邊的人

透過口頭禪可以清楚看出一個人的個性，但是當事人通常對於自己的口頭禪，反而不怎麼留意。

就拿口頭禪爲「但是、可是」的人爲例。當對方說的話我們不表認同，或者抱持否定的態度時，便會使用「但是」這個轉折語，當我們認爲對方所說的是錯誤的，想要反駁或推翻他們的言論時，也經常使用「但是」這個詞語。

然而有一種人，不論什麼時候，都喜歡使用「但是」這個連接詞。他們如果想要打斷別人的話題時，就會以「但是……」來作爲開場白。一般在「但是……」後面所接的句子應該是否定的，但仔細聽他們接下來所發表的意見，其敘述的內容，根本是與剛才所述大同小異。這種時候似乎沒有使用「但是」的必要，他們之所以如此，其用意只是爲了不想一直扮演「聽者」的角色，而希望所有人的焦點都轉移到自己身上。

其實想要提高自己價值的方法有很多種，根本沒有必要選擇否定對方的這種方

式。他人的觀點是正確的，自己的看法也沒有錯，「你是你，我是我」，每個人都有自己的生存方式以及思想，但是，偏偏就有人是屬於那種不否定別人，就無法肯定自己的類型。這種老愛說「但是」的人，心中就常存有否定對方的攻擊性心態。只要能將對方貶低，就覺得自己變得很偉大。

因爲如此，這類型的人便常常喜歡濫用「但是」這個字詞，爲反對而反對，爲否定而否定。如此一來，原本愉快的談話也會變得索然無味，即使如此，這類型的人還是對於他人的感覺無動於衷。

他們喜歡接近可以讓他們自己充分感受到優越感的人。例如：遭到主管斥責以致情緒低落的同事、剛失戀的友人等，因爲這些人心情鬱悶，自信心盡失，所以和他們相處，自然會感覺到相當的優越感。而他們對這類不具威脅性的人，反而會靜靜地聆聽其心聲，並頻頻認同的點頭，表現異常地親切。但是，要注意這並不是發自他們內心的眞正親切，切莫誤認他們是「和藹可親」的人，否則吃虧上當時就後悔莫及了。

43 常說「所以說」的人

「所以說……」是用在強調並且延續之前所提過的事情，或者作爲結論時的用語。

「這件事的情況是這樣的……所以說，會變成現在這樣也是當然的，不是嗎？」

「……所以說，我以前不就提醒過你了嗎？」

「所以說，那件事本來就應該如此。」

常把「所以說……」掛在嘴上的人，是經常會把之前自己說過的話，加以強調其正確性並下結論的類型。他們認爲自己在一開始的時候就已經了解所有的事情，頗有先見之明。

當別人說出事情的結果時，他們總是會說：「我之前不就說過了嗎？我早知道結果會是如此。」特別強調自己對事情的發展早已經瞭若指掌。他們絕對不會說：「是啊！你說的對，我也是這麼想。」而總是說：「所以說，這件事情就是這樣，我之前不就說過了嗎？」態度非常強硬、傲慢，並且喜歡將所有的功勞往自己身上攬。

他們認為自己所說的話具有絕對的權威性，並有鄙視他人的心態。說話完全不顧及對方的心情，因此對方常會為了他們這種隨意踐踏他人的態度而受到傷害。所以，常會把「所以說……」掛在嘴邊的人，容易惹人討厭而自己完全不自覺。事實上他們並不覺得自己是個傲慢、令人厭惡的人，反而認為自己相當值得同情，因為他們得不到眾人的認同、理解，周圍的人都不願意去傾聽、去了解他們的事，頗有眾人皆醉我獨醒的寂寞之感。因此常在心中吶喊著：「所以說，我之前就警告過了，為什麼大家都不願意聽我的話呢？」

如果多了解他們一些，就會明白其實要和這類型的人相處並不困難。因為他們非常希望得到他人的認同，渴望自己在他人心目中的形象是「見識廣博，什麼都懂」，所以如果想和他們好好相處，只要在這一點上多忍耐、擔待一些就行了。

44 嘴邊常掛著「對啊！」的人

「對啊！」這個詞語是用在肯定對方說的話，這是無庸置疑的。

「嗯！對啊，就如同你所說的。」

「對啊！確實是這樣，我也有同感。」

類似這些用來贊同對方、認同對方的話，會讓對方聽起來格外舒服、順耳，非常高興地以爲原來你的看法和他一樣。

但是，千萬別上當，總是將「對啊！」掛在嘴邊的人，絕對不是發自內心贊同對方的。他們不是屬於自我意識強烈的類型，個性表現上也不強勢，更不會勉強別人照著自己的步調走，他們比較能體會別人的心情，不會硬要別人凡事都必須順著自己的意思來動作。

實際上，他們並非發自內心、謙虛地認爲別人說的話都是正確的，他們之所以常常將「對啊！」這句話掛在嘴邊，是因爲這樣比較容易和別人相處融洽，使自己的人際關係更加圓融、順利而已。那麼又是爲了什麼原因，這類型的人會希望自己在處理人際關係上圓融、順利呢？這當然是爲了自己著想，希望能藉此得到更多的利益。

一般而言，這類型的人認爲，在允許的範圍之內，一些無傷大雅、不影響大局的小事，可以盡可能的去配合他人的步調，無須事事斤斤計較，而引起不必要的摩擦，不僅可以營造氣氛的和諧祥樂，自己也會成爲受歡迎的人物。比起老是用對他人品頭論足、憤世嫉俗的態度，這種可是簡單快樂多了。

可是如果你遇上這種類型的主管，先別慶幸。他們總是會善解人意地回答：「嗯！嗯！對啊！你所說的，我十分了解。」不過當事情進入最後決策階段時，他們還是會要求你照他們的希望去做，而且在這一點上他們是相當固執的，無論你提出什麼意見都是徒勞無益，他們一步也不會退讓，跟平時對任何事情都說：「對啊！」的樣子完全不同。

「對啊！是的！」一方面來說是肯定對方，但從另外一方面來看，卻也可能是敷衍對方的一種手段，他們對於對方的意見不屑一顧，甚至連反駁都懶得反駁，是會算計他人、不可不提防的危險人物。

45 口頭禪爲「還是」的人

常使用「還是」的人，給人的印象通常多爲運動員。

「嗯……我還是認爲興趣重於工作。」

「果然還是部長厲害，我們眞是不得不向部長看齊。」

這類的話語，一般來說，是用於肯定的語氣中。例如：「之前就料想會這樣，果然不出所料，還是應驗了。」等等，用「還是」來更加確定之前所說的事情。喜歡說「還是」的人，雖然自己的主張相當明確，但是對於他人的意見也表現絕對的尊重。這類型的人，多屬於沒有特殊癖好、個性爽朗、直率的人，和他們相處大致上都會非常和樂融洽。

他們並不是屬於沉默不語的類型，但也不是那種會主動把自己的想法全盤托出的人。你可以試探性的詢問他們：「這個東西，你覺得如何？」他們會這樣回答你：「嗯，還蠻不錯的！」之後若再詢問其他的意見：「那……這個，你覺得如何呢？」這時他們可能還是會回答：「嗯，這個也蠻不錯的！」表面上，他們好像很清楚的回答你，但事實上什麼都沒有針對問題回答，或許他們對自己的想法其實也不清楚吧！

這種類型並不是會深思熟慮的人，因此若要請他們幫忙或請他們表示意見時，要先分清楚事情的輕重緩急才好。他們並不是居心叵測的人，若有幸遇到這類型的主管，他一定會不吝於指點你。另外，這類型的人個性很隨和，是宴會、派對上製造氣氛的能手。

總而言之，這類型的人樂於與人相處，是非常好的同事，同時也是行事隨和的上司。

46 說話快的人屬於哪一種類型？

講話霹靂啪啦好似機關槍的人，給人的第一印象是，頭腦反應快、靈敏度高。

但是，相對來說反應迅速的人，通常對事情也容易感到厭倦。因爲他們的腦子，不斷有新的事物出現，因此很容易就會對既有的事情不再好奇，產生倦怠感。也就是說，在他們的世界中，時間的流逝，比一般人要快得多。平常人必須花十分鐘說的話，他們只須花一分鐘便說完，而對於一般人可能做十年才會厭倦的事，他們大概只要一年就覺得十分厭煩。

這類型的人，興趣可說是包羅萬象，其中擁有卓越才能的人也不在少數。交代他們的事情，大致上都可以做到令人滿意的程度，加上學習能力強，因此通常很快就能上手，但是一旦他們對事情失去新鮮感時，很快就會感到厭倦不耐煩，希望能再朝多方面去嘗試。即使藉由不斷的付出與努力，而得到豐碩的成果，也無法讓他們感到滿足。一般而言這類型的人，頗能適應現今緊張繁忙的社會步調，對於人際關係的處理，通常都做得相當成功。

但要注意的是，腦筋反應速度快，並不意謂著「頭腦一定好」。的確，他們在理解事情的能力方面，相當令人稱讚，而且也善於與他人配合，但是常常因爲欠缺深思熟慮的處事原則，以及和他人共同努力的耐性，反而只會看到事情的表面，無法深入去探討了解。因此，有時候他們會給人一種過於輕薄、膚淺的印象。

另一方面，平常說話並不特別快，但有時候突然會說得很快的人，又是哪一種個性呢？其實這是一個人心中有事想刻意隱瞞的訊息，想藉由其所說的話來掩飾自己不安、恐懼、緊張的情緒，因此會忽然把話說得很快，想藉以轉移聽者的注意。

若是說話者突然沒有原因地將音調提高，也是暗示這個人心中的不安情緒逐漸升高的一種信號。

47 說話不按牌理出牌的人

許多人聚在一起聊天時，通常都是聽完對方的話後，才發表自己的意見，以此流程交談下去。但是，有時候也會出現一些說話沒有前後文，完全不顧及他人，想到什麼話題便轉到什麼話題的人。

即使別人根本搞不清楚他想要表達的是什麼，但是在他的腦海中他還是不斷地在聯想著其他的事情。

「說到賣糖果，小時候有一家叫做××的糖果店……」，忽然進入這樣的話題，當事人或許覺得很自然，但其他人聽起來，可是一頭霧水。說到森永牛奶糖時，或許旁人還聽得懂，但話題突然又轉到森永公司的關係企業，就讓人摸不著頭緒了。

像這種在聊天中不斷改變話題的人，其腦中的聯想速度就像飛躍的羚羊般急速奔騰，這種人通常腦筋轉得比一般人來得迅速，而且想像力豐富。若是普通人，可能在半途中便無法往下聯想，而他卻可以毫無阻礙的繼續下去，展現他源源不斷的想像力。是屬於才華洋溢、充滿創意的類型。

有時候，他們甚至會突然地聯想起自己也不甚清楚的無意識部分。而通常這些無意識的部分，大多是在夢境中所得到的啓示，夢中常有一些自己不了解、毫無脈絡可循的故事發生，於是這些故事在潛意識中便與記憶裡的某個部分連結在一起。有時他們會在自己沒有意識的情況下，腦海中忽然蹦出一個想法，因而將話題引至完全不同的方向。

這種人雖然在某些方面極具創意，但在實務方面卻常常令人感到十分棘手。例如：出差時的花費統計遲遲無法交出、重要的收據也忘了放在哪裡……等等，對一般人來說十分鐘便可完成的簡單工作，他們卻要花上兩倍甚至三倍的時間才能完成。

相反的，擅長於實務方面的人，也無法像他們那般，擁有超凡的想像力以及創意。想像力若是被一些世俗的事務捆綁住，便無法自在的展翅高飛。因此這兩種類型的人，若能互相幫助、截長補短，便是十全十美了。

48

常說錯話的人的內心世界

當你說話時，有沒有在無意識中，說出奇怪的話的經驗？心理學家佛洛依德認爲，說錯、聽錯，或者是寫錯……等等「錯誤行爲」，都是將內心眞正的願望表現出來的行爲。請看以下的例子：

奧地利下議院院長，在宣告議會即將開始時，一不留神說成了「議會結束！」因爲要讓這個議會順利進展的困難度頗高，所以議長在心中便有了「希望會議盡早結束吧！」的願望存在。這個願望表現在其不經意的話語中，本人在意識中清楚地知道議會一定要進行，但在潛意識裡又有恐懼、不想面對的心理，兩者互相矛盾、衝突，因而引起了這種錯誤的行爲。

通常，說錯話的一方都會辯稱自己是「不小心」、「不是眞心的」……等等藉口，但事實上，那不小心說錯的話，其實才是他眞正想說的。這些在我們的日常生活中，可以說是屢見不鮮！

由此可知，那些常常會說錯話的人，可以推斷爲大部分是習慣性地隱藏眞正的自己，是個表裡不一的人。而且，心中很強烈地禁止自己把這些真心話表露出來。

「這件事絕不能講出來」、「這事絕不能弄錯，非小心不可」，當你越這麼想的時候，便越容易將它說出來。相信很多人在日常生活中，也會遇到類似的經驗吧！越是被禁止的東西，越去壓抑它，就越容易表露出來。

總而言之，暗藏在我們心中的許多事情，當你越想要去隱瞞它、掩蓋它的時候，就越容易說錯話或做錯事，無意之間讓心虛表露無遺。

49 誇大流言背後的心態

「喂！你知道嗎？××部門的小李和櫃檯的陳小姐，好像有什麼曖昧不清的關係耶！」

「前一陣子，他到那個女的公寓過夜的事情，好像被他太太知道了……」，像這種對公司內的地下戀情、八卦情報非常清楚，喜歡嚼舌根的人，相信在每家公司中都應該有一、兩位吧！他們在敘述事情的時候，就好像自己眞的身臨其境，彷彿實況轉播般地說得口沫橫飛。但是在這精采的故事中，往往也摻雜了一些自己的想法，時而誇大不實、時而加油添醋。

這種愛誇大事實的人，其實用心是很單純的，他們只是希望得到周圍人的注意，成爲衆所矚目的焦點，並且希望在聊天時所有的人都會把重心放在他身上。因此，針對衆人有興趣的話題，便不厭其煩地加油添醋，讓故事聽起來更戲劇性、更具可看性，其目的不過就是希望引人注目，如此而已。

可是，當身邊的人發現，他們所敘述的和事實不符合時，便會對他們加以指摘，而爲了掩飾自己的過失，他們通常會用巧妙的方式矇混過去。從另一個觀點來看，他們在編造事情方面的確具有超凡的才能，如果把這種才能運用在其他合適的地方，不是更好嗎？

他們之中甚至有一些人，在自己的謊言被識破後，不但不反省自身，反而將矛頭指向拆穿自己謊言的一方。他們認爲自己已經沒有退路，說謊就說謊，沒什麼大不了的，要站穩自己的腳步，絕不能讓別人擊垮。所以，公司若容許此種事情發生，這家公司可能也很難長久立足下去吧！但是，如果該項八卦無傷大雅，這種謊言倒是可稍微調劑一下公司內部沉悶的氣氛。

這種喜歡說人是非、道人長短的人，有許多都是因爲嫉妒心以及偏見的心理因素造成的。他們喜歡拿別人和自己做比較，「那個人好像買了新房子！」、「這次不知道誰會升官？」等等，無時無刻不注意他人的事，然後與之比較。這種類型的人和主張「我就是我」的我行我素派的人正好相反，總是會在意他人所做的事情。

人比人氣死人。越是喜歡跟別人比較的人，心中越容易產生不滿與嫉妒，也越喜歡藉由貶低他人來平衡自己、提高自己，因此許多不實的傳聞便是由此而來的。

例如一些知名人物的醜聞，大概就是基於這種同理心而產生的吧！衆人的嫉妒心，再加上一般人喜歡窺探他人隱私的心態，醜聞、八卦因此無處不有。目的無非是希望那些生活環境比自己優渥，比自己有才能的人，會因此遭受打擊。

將這種嫉妒心理發揮得最淋漓盡致的，首推坊間一些專門報導醜聞的八卦雜誌，其標題之聳動眞是令人瞠目結舌，嘆爲觀止！或許是他們習慣將事實加油添醋、大肆渲染吧！但這也顯示出人們嫉妒他人、喜歡窺探他人隱私的醜陋一面。否則這類型的雜誌爲什麼會在書市裡成爲搶手貨呢？

50 仔細觀察對手聲音的特徵

在一些誘拐、綁架等犯罪事件中，專業的聲音分析師們可藉由歹徒講電話時的聲音，來預測歹徒的年齡、性別、職業等等。而在日常生活中，藉由傾聽對方說話的聲音，也可以大致判斷出對方的年齡是多少。因此，聲音也是一種可以了解對方的重要媒介之一。

聲音的特徵和個性有關嗎？與其說「這種聲音是屬於這種個性」，還不如說是「這種聲音的人，通常給人這種印象」來得恰當。根據阿狄頓對聲音的研究，有以下幾個例子做為輔助說明。平板、起伏不大的聲音，常給人「男性化、不修邊幅、冷淡、憂鬱」的印象。鼻音重的聲音，則給人「對社會不抱希望、言行舉止俗不可耐」的印象。男性的聲音若是過於低沉的話，會給人「裝腔作勢、現實、八面玲瓏、幹練、適應力強」的感覺。若是女性，則會給人帶來「頭腦不好、懶惰、土氣、醜陋、身體差、愚笨、自卑」等負面的感覺。

相反的，明朗的聲音，不管是男性或女性，都會給人一種「幹練、自信、充滿朝氣、善於社交」等等之類的好印象。

試著藉由聲音來判斷你身邊的人，是屬於何種類型呢？聲音過於低沉的女性，給人的印象似乎都不是很好。但是，最近社會上卻出現了許多聲音低沉的女性播報員，特別是在播報新聞的時候，其低沉的嗓音就像在指導我們，給我們一些忠告和建議，顯得十分具有說服力。因此，現今聲音低沉的女性，反而與「知性」的印象畫上了等號，這是不是就表示低沈的嗓音，帶來了催眠似的說服力，不知不覺便讓人無法抗拒的接受下來呢？

51 洞悉愛發牢騷者的心思

「我們課長眞是令人傷腦筋，現在都已經是什麼時代了，他還搞不清楚狀況！」

「那傢伙眞是令人討厭，事情做不來就早一點說嘛！怎麼不稍微站在我們的立場替我們設想呢？」

像這種上班族喜歡在喝酒時發的牢騷話，有時候眞是沒完沒了，一發不可收拾。爲什麼有人特別喜歡發牢騷呢？人生在世，不如意事十之八九，一遇上不如意的事，自然也就滿腹牢騷了。

而在這群人之中，又可以分成抱怨連連以及較少抱怨的類型。像這類抱怨多的人，多屬於追求完美的人，凡事要求高水準、高理想，並時時在腦海中描繪完美的藍圖，由於達不到理想，自然也就開始牢騷不斷了。

喜歡抱怨的人，通常是理想抱滿懷，甚至於成天沉迷於幻想的世界中，對於現實的問題則採取漠視的態度。

這些滿腹牢騷的人當中，其實有許多人並非缺乏自信。如果他們能夠認清事實，了解自己本身也並非十全十美的話，就可以少一點抱怨了。但是他們卻總是自信滿滿地認為，自己的表現完美無缺，因此常會憤世嫉俗地認為：「我這麼努力在做，可惜身邊的人都是一些笨蛋，一點忙都幫不上。」。在他們的心目中，總認為自己是最完美、不會出錯的人，因此這種類型的人可以說是非常難相處。

在這些人之中，也有許多有才能，卻因為人際關係不好，而被別人所孤立，以致無法受到提攜，覺得懷才不遇的人。就因為身邊有人在，才有能抱怨、吐苦水的對象，但誰都不喜歡當別人的垃圾桶。因此當身邊那些受不了你抱怨的人，一個接一個地離開，只剩下自己孤單一人時，就應該警覺到其實自己也並不是完美無瑕的人。

但話說回來，若世界上沒有這樣的人存在，所有人都將安於現狀，不求進步了。正因為有這些會抱怨、敢批評的人存在，才能讓人們更加努力追求完美。這些老是抱怨的人雖然囉唆，但在挑他人的毛病、找他人的缺點方面，卻擁有傲人的才能，所以有時候不妨側耳傾聽，或許會有意想不到的收穫。

52 話題常繞著金錢打轉的人

有些人不論談論什麼話題，都會不自覺地將金錢扯入話題中。

「這棟豪宅好氣派耶！」

「是嗎？那你想它大概値多少錢？」

「今天的結婚典禮，你覺得如何？」

「以這種菜色來說，一桌壹萬元似乎太貴了一點吧！」

「這家店的烏龍麵眞是不賴。」

「如果客人的流動性可以再快一點的話，我想至少還可以再多賺個兩成。」

類似這樣的對話可以看出，有些人在任何狀況下，就是可以把原本的話題轉變成和金錢有關。

這種類型的人，往往缺乏夢想，而這個缺乏夢想的缺點，很有可能會成爲其人格上的致命傷。因爲太過於傾向現實主義，只知道賺大錢是自己人生唯一的夢想，因此對於一般人會有何種夢想，根本無從捉摸起。如果想在商場上有更上一層樓發展的話，掌握衆人的夢想用以開創商機，是很重要的條件。

因此，他們必須要搭配一個愛作夢、愛幻想的工作夥伴，以彌補自己在這方面的不足。彼此分工合作，一人盡量能發揮創意，一人發揮務實經營，如此一來，事業將會蒸蒸日上、一帆風順。當然，處理現實事務方面，還是得由想法實際的人來處理較爲妥當。

常將金錢掛在嘴邊的人，對於金融方面的商品也瞭若指掌。即使只有些微利益的商品，一旦投資下去後，他們便會日以繼夜地努力研究，只要能多賺一些錢，就算多花一點時間也在所不惜。

令人感到意外的是，這種超級現實主義的人，其內心也隱隱潛伏著不安全感。在他們的觀念中「金錢便是全世界」，反過來說，「若沒有金錢，便無法生存下去」，「沒有錢的人，也就失去了生存的價値」。因此只要他們身邊一沒有錢，他們就會感到十分的惶恐與不安，而且自己會有一種被拋棄的感覺。他們更不敢去想像，當自己身無分文、一文不名時，還有什麼東西會留在自己的身邊。

就算他們有了一千萬元，有了五千萬元，然而他們心中的不安全感還是無法消弭。「就到此為止，終於可以安心休息了！」，這種事情是永遠不可能會發生在他們身上的。他們認為金錢的價值，不知道何時會變動，或許在未來的某一天，由於經濟大恐慌的緣故，金錢會變得像垃圾一樣也說不定。一想到此，他們就會更加努力攢錢，使自己安心。

由此可知，眼中只看得到金錢的人，內心其實是十分缺乏安全感的。受到不安全感的驅策，即使累積再多的財富，他還是不能滿足，所以這種人同時也是快樂不起來的人。

53 喜歡談過去的人，是何種類型？

有些人在喝酒後，就開始細數過去的光榮事蹟。若過去的光環還延續到今天的話，那倒還好，但是有些人只會緬懷當年的豐功偉業，甚至沾沾自喜，相當令人討厭。

這種類型的人，對自己的未來不抱任何希望，上進心早已喪失殆盡，對於自己生活周遭的變化完全漠不關心，只是苟延殘喘得過且過地活著，因此在他的話題中找不到現在，永遠都只有過去的風光事蹟而已。

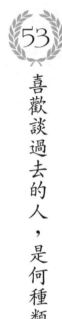

比如一些年長者，常常會提到過去的事情，因爲他們已經逐漸走到生命的盡頭，再加上一起攜手走過共同歲月的朋友們，也漸漸老去，想要再重新建築一個「新生活」也不太可能，因此他們的話題總是會停留在過往的歲月中。

進入遲暮之年的老人，支持其生存下去的動力之一，就是向年輕一輩的人，訴說自己過去的光榮事蹟，並將自己生存的時代及生活上的點點滴滴，傳達給子孫們。也就是說，老人們喜歡講古、回憶過去年輕歲月的時光，是當然的事情，是一種隨著老化伴隨而來的自然現象。但是，若正值壯年的四十幾歲人，卻老愛叨叨絮絮地說著過往的事蹟，未免顯得太老成了！這個階段，應該是人生拚命、奮鬥的時期，嘴上卻老是掛著「還是以前比較好，以前這樣、以前那樣……」等的話語，雖然外表看起來還年輕，但給人的感覺卻是一個心態已老、毫無活力的人。

在現今這種瞬息萬變的時代中，世代間的代溝、隔閡感，確實比以前更加嚴重。而且尊重長者的時代似乎已漸漸消逝，取而代之的，這是個年長者反而要向年輕一輩學習的時代，許多年輕人更認爲，如果長輩們不這樣的話，就會跟不上時代。

但實際上，熟知時代潮流變化的年長者，利用自己過來人的經驗，反倒可以比較現在與過去的分別，以及各部分曾經有過何種變化呢？分析過去的事情，然後預測未來的走向。所以他們並不孤獨，至少比起那些只會緬懷過去的人，他們擁有更有價值的生存意義。不是嗎？

54 話題總離不開星座、算命的人，有何種傾向？

許多人都喜歡用血型或是星座來判斷一個人的個性，例如：血型A型的人是這種個性；金牛座的人是這種個性……等等。甚至有些企業，在進行分組時，也會把組員之間彼此的血型是否吻合，列爲考慮的項目之一。

在印度，據說男女雙方在結婚之前，都必須將兩人的八字拿給算命師看看是否相合，合的話則開開心心地結婚，倘若不合的話，那麼這個婚便結不成了。像這種時候，占卜、算命就不只是算算個性而已這麼簡單，甚至決定了兩個相愛的男女，是否能攜手白頭到老的命運。

占卜原來的作用，不就是爲了要判斷一個人的個性嗎？通常在兩人初次見面的情況下，談談星座、血型這些話題，確實可以使雙方輕鬆地打開話匣子，是一種可以迅速拉近彼此距離的潤滑劑。但是，如果過分堅持星座所代表的個性，就會令人覺得反感。

「你是巨蟹座的，所以你一定是這個樣子的人。」

「你是O型的，那做事一定很馬虎，而且脾氣是不是不太好。」

像這樣子，只是透過一般的刻板印象，而不做合理的判斷，就把這個人定位在某種形象，這樣一來，巨蟹座及O型的人，可能就會對你很反感。人際關係原本就變化萬千，並沒有固定的模式，由於對象的不同，情況的不同，會衍生出不同的人際關係。

因此喜歡單純用占卜或星象來決定對方個性的人，一般而言，大多缺乏變通性、機靈性，在人際關係的處理上也常會有所缺失。他們因爲不了解他人的想法，再加上當自己的認知和他人有所差距時，經常無法被認同，因此在不知道他人會有什麼樣的反應之下，心中便隱隱出現惶恐、不安的情緒。

正因爲如此，所以他們總喜歡先詢問對方的血型、星座，然後將對方套入各種血型星象書歸類出來的刻板印象中，認定對方就是屬於那種個性，如此一來，與對方交往便會稍感安心。

他們不去實際了解對方會這麼做的動機，也不試著去傾聽對方的眞心話，體會對方的心情，只是單純的將所有的人，套入四個血型的個性或者十二個星座的模式中，統轄在自以爲可以掌控的範圍內。

若只以這種方式與人交往的話，那麼在人際關係的處理上將會陷入瓶頸，本來想藉由血型或星座來了解人類個性的美意，卻反而誤導了人們。

同樣地，在此筆者想強調的是，這本書是幫助讀者朋友們如何從對方的動作、習性及外觀中，來判斷人的個性與想法，當您在閱讀本書的時候，要注意的是，這僅僅只是一個參考，切莫主觀的對人妄下定論。

每個人都是多面的，因此希望各位讀者在看這本書，或者其他一些關於星座、血型的書籍時，不要太過於執著，而是要將一些常識加以活用，如此才是明智之舉。

55 喜歡問人家出生地的人

即使是男性，也有常將血型、占星術等話題掛在嘴邊的人。但是也有多數的男性，對這類的話題不感興趣甚至感到厭惡。

他們鄙視占卜這種玩意兒，認爲那是膚淺的人才會相信的旁門左道。雖說如此，但是在這些人之中，卻有許多偏愛以個人的出身地、就讀學校、家中排行順序，來對人品頭論足一番。只要一聽說對方出身於××縣，就好像已經摸透對方的人品似的，每當有什麼事發生時，就擺出一副早已料到的表情，說「因爲那傢伙是××人啊！」這樣一句話來做爲結論。

確實，每個人多少都會受到成長環境的風俗民情所影響，也會被就讀學校的校風所感染，但是就算是同樣出身地、同所學校的人，還是有各式各樣不同性格的人存在。和血型、星座一樣的道理，我們也不能單純的以出身地或就讀學校來論定一個人，以偏概全。用這種方式來評定一個人的個性，替他們貼上既定的標籤，這是會讓人非常不快的。

出身地、就讀學校、家中排行等，在聊天中確實不失為一個不錯的話題，也是拉近彼此距離的一種方式，但若是硬給對方定型、貼上標籤，不僅不會讓彼此更親近，反而會適得其反，惹來對方反感，進而排斥你。

以出身地來論定他人個性的人，其在心理上和前一類型的人是相同的，同樣是因為在內心深處存有對他人恐懼的傾向。對於他人一些不明原由的話語、行動，總想把它們勉強套進自己所了解的領域中，於是藉由自己所熟知的東西，來定位對方，才能迅速消弭那些陌生感，使自己安心。

當他們在謾罵某位初次見面就非常討厭的人時，如果突然開口對你說：「這個人和你同樣是××地方出生的耶！」言下之意就暗指你也跟那個人一樣討厭。當他接著說：「還好，你們不是唸同一所大學」，此時你或許可以放下一半的心來，但若是你連家中排行都和那個人不謀而合的話，可能就難逃被定型的命運了。

其實我們對於任何事物都應該有廣闊的胸襟，從多方的角度去看待，如此才能眞正了解他人，不至於過分偏執。如果所有人都可以做到如此，相信這個社會將會更加詳和。

56 守口如瓶和自我理想的實現有何關聯？

守口如瓶的人，絕不是不喜歡說話，而是口風緊密。從別處聽來的情報、消息，如果自己覺得不應該說出去的話，就不會隨便開口。無須一一交代他們「這件事情絕對不能告訴別人」，他們也會自己判斷事情的輕重，不會輕易洩漏出去。因此守口如瓶的人，就算把機密告訴他，也可以令人安心。

這一類型的人，絕不會因爲好奇心的驅使，而將他人的祕密洩漏出去，亦不會主動去探測他人的隱私，對周遭的八卦消息也絲毫不感興趣。他們擁有相當的判斷力以及堅定的意志力，通常都能將事情分析得井井有條，絲毫不紊亂。這類型的人，大致具備以下四個特點：

1.擁有面對現實的能力。
2.設定未來的目標，且對如何實現目標，擁有具體的方針。
3.具有知人善任的本事。
4.不讓人看見自己的眞心，亦不隨便向他人傾吐心事或撒嬌。

這四個特點，在心理學上稱作「自我理想實現的動機」，也是人類為了往上爬，滿足自己的理想，所應具備的能力。

守口如瓶類型的人，大多能得到周遭人的信賴，因此有很多人都願意和他商量事情。但即使如此，這種人通常不會將自己的眞心表露在外，因此他們心裡的眞正想法，我們無從得知。他們也擁有一雙可以看透人性的銳利雙眼，常常可從一些不經意的談話中，看出對方的習性、人格及工作能力等等。若你和這類型人交往時，千萬別掉以輕心。

對於這類型的人，大可放心地和他商量事情。但仔細觀察，他們幾乎沒有交心的對象。因此，即使處於熙來攘往的人群中，他們的心卻永遠感到孤獨。不過也正因為他們擁有這種克服孤獨的能力，才能三緘其口，對他人的祕密守口如瓶。

工作情況篇

Chapter 5

99 Knacks
to see Through
Ones's Notions

57 由辦公環境看出眞實性格

在辦公室裡，從一個人的抽屜可以看出他的性格。

美國一所大學的心理學教授凱奈醫生經過長期實驗，已證明可以從抽屜分析一個人的性格：

1.異常整齊的抽屜：通常是辦事極有效率的人。他們的目標崇高，不喜歡浪費時間，什麼事都要有個預算和計畫，但相對的，這種人比較無法接受一些計畫以外的變數，應變能力顯得不足。

2.抽屜裡習慣放置紀念品：有些人喜歡把舊信件、學生舞會的節目表也放在抽屜裡。這些人性格較內向，喜歡保留美好的回憶，情感較脆弱且容易受傷害。

3.亂七八糟的抽屜：有些人喜歡把所有東西都塞進抽屜裡去，而且不會疊放整齊，這類人性格隨和，對小事不會介意，平時做事比較沒有計畫，也不喜歡把事情規劃得太詳細、想得太遠，但卻比一般人有較強的應變能力。

另外，美國一位效率研究專家經過調查發現，從一個人在工作時的辦公桌上的情形，可以看出其主人的某些性格和心理特點。

1.疊式性格：平時總能把桌面上、抽屜裡的所有文件材料都疊得整整齊齊、乾乾淨淨。這類人工作有條理，組織能力較強，辦事效率高，有較強的工作責任心，他們凡事小心謹愼，一絲不苟；但往往缺乏開拓與創新的精神。

2.塞式性格：桌面上可能很乾淨，一塵不染，但抽屜裡卻很亂，不管什麼東西都一古腦地統統塞進抽屜裡。這種人多半聰明、機靈，喜歡作表面文章，只注重外觀，投機取巧，文過飾非。此外，這類人大都作風渙散、懶惰，爲人不太可靠。

3.散式性格：桌上的文件東放一堆，西放一堆，既沒有歸類，也區別不出輕重緩急。這類人工作沒有頭緒，幹起活來有頭無尾，很難集中精力，缺乏自我管理能力。

4.堆式性格：桌上如同垃圾堆，文件資料亂堆亂放。這種人工作能力差，缺乏條理性，也缺乏責任心，應該從頭接受訓練，或改做其他職位較低的工作。

58 常遲到的人有著無法跨越的心理障礙

在約定時間內，總是無法準時赴約的人，不論如何要求他們準時，大概都會徒勞無功，因爲他們實在是改不了遲到的壞習慣。對於現實生活缺乏實際認知的他們，總是做一些不著邊際的事情，熱衷於一些毫無用處的研究及發明。這類型的人，或許只適合做一位創作型的藝術家吧！

當一方沒遵守時間的同時，對方就必須承受漫無止境的等待。習慣遲到的人，完全不顧及對方的感受，心裡想到的只有自己，而有些人明知道遲到是不好的習慣，卻故意讓人等待，藉以抬高自己的身價，無知地以爲如果對方願意花很長的時間來等待，代表自己在對方心中有著重要的份量。

當對方是你的主管時，即使被迫長時間等待也是無可奈何，只能敢怒不敢言；反之，當對方是你的部屬時，心態上則認爲自己的地位較高，讓他等一下也無妨。在常遲到的人心底深處，都抱持著自己比對方略高一等的想法，也希望得到對方的尊重，其個性是屬於傲慢、我行我素的。

另外，有一種總是被負面情緒束縛的人，凡事皆往壞處想，總是自我嫌惡、不斷責備自己，心中常存著「我眞是個沒用的傢伙」、「我一輩子可能都不會出頭天」的想法，即使生活順遂他們也會擔心：「像我這樣的人應該不會這麼一帆風順！失敗馬上就會降臨」，不久後果然遇上逆境，遭致失敗。這時，他們反而會鬆一口氣說：「你看，果然失敗了吧！」這種不出所料的感覺反而讓他們感到安心，好像非遭到失敗才能符合他們的本意。

這種習慣與失敗為伍的人，常說些莫名其妙的話激怒他人。當別人被激怒而生氣時，他們便更加證明自己是沒用的人，唯有在旁人感到憤怒而自己被衆人所嫌惡時，才有如釋重負的解脫感。

在常遲到的人當中，也存在著這種類型。遲到時，對方勃然大怒地說出：「你知不知道這樣會造成別人的困擾，拜託你下次遵守時間好嗎？」他們反而會自虐地沉浸在「我就是這麼一事無成」的想像中。大多數的遲到族在孩提時都受到父母親嚴格的管教，也有過因上課遲到被父母親大聲斥責的經驗。有類似經驗的人，應設法走出自我設限的泥沼。

59 對工作毫無時間觀念的人是世俗之外的天才

無法嚴守工作時限的人，其心裡層面的原因和常遲到的人是相同的。不同的是在這些同樣對時間感覺遲鈍的人當中，有不少是富有想像力以及創作能力的鬼才。

嚴格遵守時間與工作時限的人，確實能給人相當大的安心及信賴感，但是，由於他們在思想和行爲上均受到世俗眼光與法理的約束，因此缺乏自由奔放、天馬行空的想法及創造力。

無法謹守工作時限的人熱衷埋首於自己的創意及想法中，因此無法分心去顧及時間的問題，經常過了時間也渾然不覺。對這類型的人來說，要他們一板一眼地將現實中的工作處理得井井有條，無異是緣木求魚。

相對於這一點，他們完全無視於既定的約定時間，是屬於視時間如無物的類型，其腦海裡會有各式各樣的點子閃過，雖然他們的突發奇想常將身邊的人耍得團團轉，讓人頭痛不已，但有時候他們又會有令人不得不激賞的創意出現，由於他們不受現實規範所束縛，創作空間十分寬廣，因此，一些頗具新意的發明及巧思都是這類型的人的傑作。

當你千叮嚀萬交代他們：「麻煩你看完這份文件後，記得蓋個章。」他們便會心想：「待會兒再看吧！」不一會兒工夫就把這件事拋到九霄雲外，忘得一乾二淨了。

因此，只要三分鐘便可完成的事情，卻由於他們的疏忽，讓周圍的人多花了兩、三倍的時間替他們擦屁股，而他們卻沒有任何愧疚的感覺。

他們為何對此完全沒有歉意和悔意呢？因為他們對於現實中的生活，沒有實質的存在感，而充滿夢想與創意的生活才是他們生存的空間，對他們來說那才是眞實的世界。

他們對於現實中的事物，常抱著不可思議的態度：「這種芝麻綠豆的小事，也要這麼大費周章？」因此那些文書處理等瑣碎的工作，對他們來說是絕對不合適的；而經理這種職務，他們恐怕也是難以勝任；若勉強讓他們做一些單調乏味，類似校對的工作，恐怕只會錯誤百出。

60 從工作態度分析性格

從工作態度與責任心的角度來看，總想抓住工作機會的人，屬於外向型，而在承擔、接受工作之前，首先考慮這項工作所意味的責任的人，則屬於內向性格。

在工作中出現問題時，總是將所有責任歸疚於己，將自己逼入走投無路的境地中，甚至往往會形成所謂的神經衰弱，這種人屬於「內疚反應型」；相反的，總想規避責任，想方法找出種種理由來推卸責任，這種人稱爲「推卸反應型」，這是團體中最令人頭痛和厭惡的人；還有一種，能按照客觀發生的事實爲依據，分析失敗原因，勇敢承擔自己應該承擔的責任，不屬於自己的責任便據理力爭，這種人稱爲「適中反應型」。

工作中喜歡故作忙碌的人，大都對自己的能力缺乏自信心。這種人經常會在別人面前做出一副忙碌不堪的樣子。表面看來，工作勤勤懇懇的，實際上，他們之中有不少是工作能力較差的。形成工作忙碌狀態，往往是工作能力低下的一種掩飾。

同時，這種人在心裡頭，總懷著自己的弱點有一天會被同事或上司發現的憂心，因此儘量裝出對工作盡心盡責、勤奮不懈的樣子。

對工作表現出極大熱心，並經常嘀咕同事不熱心的工作者，往往自己心裡也懷有惰性。這種人表面上很熱心工作，卻只做一些表面上的工作，遇到困難或複雜的事情便退縮，總覺得其他同事游手好閒，只有自己才是眞正熱愛工作的人，並由此想得到領導的表揚和提拔。實際上，這類人在本性上比較懶惰，惟恐自己比別人做得多了。

有的人當上級在場時，工作效率非常高，而主管一離開，幹勁也隨之低下。這種人大多表裡不一，具有兩面性格，平時生活亦復如是。言行不一，習慣以不誠實的態度面對人生。

相反的，有些人當上司或主管在場時，工作效率反而會降低。這種人屬於內向性格，具有自卑感。

61 健忘者企圖阻斷不願記起的事

應該記得的事，卻老是忘得一乾二淨；才說過的話，絞盡腦汁也想不起來；根據佛洛依德的分析，這些現象和說錯話、寫錯字相同，是屬於「錯誤行爲」的一種。

人類對於企圖忘卻的事物，會在潛意識裡將它過濾，只留下希望記住的事情，有時候也會爲了自己的需要，而將事實稍做扭曲。而對於一些不想再憶起，感到厭惡的事情，更是常有一時腦中空白的情況發生。

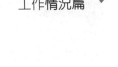

舉例來說，A在工作上遭受失敗後，常受到同事B的責難及挖苦。後來A離開了原來的公司，轉進一家新公司。一段時間過後，當他企圖回想起B的名字時，卻絞盡腦汁怎麼也想不出來。因爲在A的心靈深處，對B存有不愉快的回憶，壓根兒就不想回憶起有關B的任何事，所以這時A的心裡便產生了一種力量，妨礙他去回憶起不想回憶的事。

此外，在新公司若有同事和B同名，每當要稱呼這位同事時，A總會變得很健忘，怎麼也叫不出口，實際上這位無辜的同事和B根本沒有任何關係，對B同事的不愉快的回憶投射到新同事身上，也就無法帶來好感。

在心中若隱藏有被戀人拋棄的痛楚回憶時，有些人也會產生無論如何都不願再次踏足傷心地的想法。對於從前常出雙入對的餐館，不僅不願再涉足，久而久之連餐廳的名字也忘得一乾二淨。

上了年紀後，逐漸忘東忘西是自然的現象，但是年紀尚輕，卻總是丟三落四、嚴重健忘的人，則要好好注意了。對於工作上的事情時常健忘的話，代表這個人對工作已經失去了熱情，心中存有想將工作拋到九霄雲外的想法，因此要期待他們在工作上有所表現是不可能的。

能夠對他人的姓名牢記不忘的人，對人際關係的處理非常在行；反之，對他人姓名聽過即忘的人，在人際關係的處理上，則抱持著隨便的態度。同樣的，對戀愛時的每個細節都謹記在心的人，是屬於相當重視情人的類型；反之，則是對愛情抱著可有可無的想法。可見，人們的腦海裡可以依自己的興趣、喜好，來選擇想要留存在記憶中的事情。

62 過度有禮是爲了掩蓋情感

成人的社會中，自有成人交往的禮數，合乎社會規範的禮節是人們的相處之道。但是，禮節一旦超越適當的程度，便成了「過分客氣」，容易令人反感。這種人除了缺乏自信心之外，心態上也尚未成熟。

缺乏自信的人，常會在自己的四周築起一道防禦高牆，以保護自己免於受到傷害，也害怕被其他人看透自己的內心世界。

他們害怕被人看出自己是個沒用的傢伙，害怕自己被別人當成傻瓜看待，因此，藉由與人保持距離來遠離傷害。他們不願讓別人接近自己，也不想主動接近他人，擔心一旦和人熟稔、親密後，很可能會被對方看出自己的缺點，而無法承受終將被識破的試煉。

他們所表現出的「過度客氣和禮貌」目的是爲了建築一道牆來防備他人。這種人的猜疑心十分強烈，心中時時刻刻都充滿著猜忌，想要使他們敞開心扉，訴說心中感覺是非常不容易的事，相對的，他們也非常排斥來自別人的親近。

初次接近這類型的人，會認爲他們彬彬有禮且態度親切，不知不覺的會將心中的話傾訴出來。當對方毫無保留的傾吐心事後，他們反而由親切的態度轉變爲冷漠且企圖疏遠對方。這是因爲當對方將所有心事傾洩而出，造成他們心中莫大的負擔。一般人卻不一定能夠理解這類型人的心態，而想要與他們拉近距離做更深入的接觸，成爲知心的朋友。如此一來恰好適得其反。越接近他們，他們躲得越遠，甚至會突然辭去了工作，從這種擺脫不掉的人際關係中逃脫。

和這類型的人交往的原則，最好不要破壞了他們預先構築的防備，在兩人之間畫清界線的相處方式是最恰當的。他們就像防衛心重的小刺蝟，與他們交往時必須拿捏好彼此間的距離，採取和他們一樣客客氣氣的態度。

如果眞的有心、有毅力與之交往的話，或許他們終將敞開心扉向你靠近，但是無論如何，還是依照他們的步調行事，雙方才有進一步發展的可能。

63 唱反調者是重要的意見領袖

在會議進行中，意見會有向操控者一面倒的情形，但是，偏偏就會出現一、兩個人固執己見提出相反的意見。當所有人都希望會議盡可能的越早結束越好時，只要有這號人物存在，會議就永遠開不完，只要這位人物肯無異議點頭，會議便可結束。但是，偏偏就是會半途殺出個程咬金來，讓大家無法如願。話雖如此，就公司的角度來看，這種人卻是不可多得的人才。

當所有人很輕易地通過某一個案子後，這個案子在付諸實行時通常會無法順利完成。因爲在案子的討論過程中若沒有反對意見的提出，大家便不會再三地檢討它，討論其是否有何不妥之處，這種準備不足的計畫一旦開始付諸實現，肯定是會遭遇到意想不到的挫敗。

「如果變成這種情況，不是很糟糕嗎？」唱反調者提出反對的意見，試圖勸服大家。「如果改成這樣做的話，就應該沒問題了」，「若發生這個問題，我們就用這個計策來補救吧！」如此一來，大家互相商討對策，將這個計畫變成零缺點的方案。

總之，反對者越多，或是反對的聲浪越大，計畫方案就會越趨於完美。

此外，當所有人異口同聲支持某個方案時，能夠獨排衆議、擇善固執的人，則具有不隨波逐流的見識及動見觀瞻的判斷力。

根據美國學者傑尼斯的分析，當優秀的人才聚集在一起的時候，很容易會有危險的樂觀論調產生。因爲優秀的人，通常對自己自信滿滿，認爲自己所做的事通常都能夠成功。因此，對自己的計畫相當有自信。

但是才能平凡的人聚集在一起時，他們所考慮的問題多傾向於「這樣的話，應該沒問題吧！」、「還是想想比較安全的策略吧！」……之類，這種人傾向於選擇一條不會失敗、保險安全的路來走。

在優秀的人群中，若有一人稍具憂患意識，便能成爲團體中的防波堤「這樣做不是很危險嗎？」、「如果演變成這種情況時，應該如何應對呢？」等等，事先考慮到尚未發生的事情，想像若有不好的結果出現時，該如何去處理，這種凡事三思而後行的態度，在自信滿滿的精英分子看來，或許會覺得有些多餘，但是團體中這種人的存在卻是不可或缺的。

從另一個角度來看，在人云亦云的情況下，能提出不同的意見，將為停滯不前、保守的社會注入一股新活力。

不論你是屬於團體中的哪一種人，切記絕不可忽視這些少數分子的影響力。若你將這些持有不同意見的人排除於外，那將是非常的不智。一個眞正聰慧的賢者，對於他人的意見，即便是反對的意見也好，都能從中挑出有利的意見。

64 請求與拒絕的要領

「請您聽我說，只要聽聽看就好不買也無所謂！」這是推銷員們慣用的伎倆。一開始就提出較大或無理的請求，對方當然無法接受，而且很容易挑起對方的警戒心，遭致斷然拒絕。因此在向人提出較大的請求之前，通常都會由小要求開始，這樣較容易被人所接受。

「您只須聽我說……」在對方接受之後，下一步便是「即使買個小東西也好……」而後再更進一步「若買一整組的話，就有折扣，較便宜喲！」如此一步步瓦解對方的心防，使對方無法拒絕。

相反的，若有人向你提出一些很難拒絕的小要求，你可能要提防對方接下來越來越無止境的大要求了。

還有一種一開始便獅子大開口的人，提出一些讓人根本無法答應的要求，例如「拜託拜託，求求你借我一百萬元，我眞的很需要錢。」一百萬元並不是小數目，要使人乾脆的拿出來借人，不是一件容易的事，很快就會遭到拒絕。被拒絕之後，他們可能隨即改口要求道：「那麼，能不能至少借我一萬元呢？」這時候，相信一般人都很難拒絕了吧！

人們心中的轉折是這樣的「如果只是一萬元的話，不如就借他吧！」而且在心理上尚存著剛才拒絕對方請求時殘留的罪惡感，既然對方也降低要求，自己似乎也應稍許讓步才對。

其實，對於一開始便突然提出不合理要求的人，我們還是要留意，實在沒有必要為了拒絕對方一百萬元的借款而感到內疚不安，做不到的事情就是做不到，請鼓起勇氣斷然拒絕吧！

65 利用小故事大啓示來抓住人心

童話、故事、歷史傳說中潛藏著許許多多的智慧在其中，譬如「沒有舌頭的麻雀」，這個耳熟能詳的童話故事，故事內容是這樣的：有一隻麻雀，被老婆婆狠心地切斷了舌頭。有一天，好心的老公公去探望小麻雀，這時小麻雀爲了感謝老公公，便拿出一大一小的籐箱子，請老公公挑選一個，於是老公公選擇了小的那個籐箱子帶回家，打開後發現裡面盡是金銀財寶。而貪心、壞心眼的老婆婆知道這件事之後，也跑去找小麻雀，挑了最大的籐箱子帶回家，老婆婆很開心地打開了箱子，沒想到裡頭竟是一條可怕的蛇。

這些寓言故事，內容雖然簡單，卻包涵了深刻的智慧。聽了這個故事後，大部分的孩子都能從中得到一個教訓，那就是「貪心」是不好的事。

父母親若只是單純的告誡孩子們「做人不可以太貪心喔！」孩子們很難理解爲何不能貪心？貪心有什麼不好？因此，父母的教誨也起不了任何作用。但是，若藉由說故事的方式告訴孩子們，他們便會覺得很有趣，且會被這個故事吸引，彷彿自己也身歷其境，了解到貪心招致惡果的道理。

擅長說這些小故事的人，深知這種引導的效果，比起陳腔濫調的教訓，效果要好得多。同樣是要闡述一個事實，運用有趣的小故事，吸引對方的興趣，最後再導出結論，如此一來，自己想要表達的訊息，便能很清楚的傳遞給對方，而留下深刻的印象。

這些小故事，必須要有一些具體的根據才能成立，要能夠舉出這些具體實在的例子，必須涉獵多方面的知識才行。因此，在說話時，能夠隨時隨地輕易舉出實證的人，相信其人生經驗必然極爲豐富。

相反的，對這些小故事完全不在行的人，雖然他們所說的話都是充滿智慧的思想家、哲學家的用語，但是冰冷的詞句，無法引起人們的共鳴。對周遭的人來說，他們所說的話十分難以理解，聽來索然無味。不但完全無法抓住人心，也無法得到他人正面的肯定。奉勸這些喜歡說大道理的人，應該多累積一些人生經驗，對自己的人際關係將會更有實質助益。

66 開會時的座位代表著什麼意思？

會議時的座位，有時固定，有時不固定，在沒有特意安排的情況下，一般人往往會習慣性的選擇某些位置。

藉由每個人所選擇座位的不同，我們可以以此判斷對方是敵是友。

比如說，坐在你鄰座的人，和你的關係應該是較爲親密，會議中大部分的時間，都和你持相同的意見！有些人平常和你雖然不是那麼親密，但關係也還不壞，藉由偶爾坐在鄰座的機會，彼此更容易發展出同仇敵愾的情誼，若彼此能夠相互合作，可以使工作達到事半功倍的效果。

隔著桌角，和你成九十度直角而坐的，是屬於八面玲瓏型的人，他們總是拉長耳朵注意傾聽別人說話。這種人絕不會和你處於敵對的位置。個性圓滑的他們，和任何人皆能愉快地交談。

另外，對於選擇坐在你正前方位置的人，則要特別注意，這些人和你存有敵對的關係。坐在這個位置的人，隨時會提出和你相左的意見，是相當容易和你產生爭論與摩擦的對象。或許你們之間的關係原本就不好；也可能是因爲偶爾坐在你的正前方，導致你們之間出現意見不合的情況；又也許是對方心中原本就想對你開誠布公地說清楚，而故意選擇坐在你敵對的正前方吧！

坐在斜前方的人，似乎自始至終都沒有想和你說話的意願。他們並不想和你親近，也沒有意圖要和你爭辯。總而言之，就是不想和你有任何瓜葛的人。

以上所述種種，並不僅限於在多數人的情況下，當你在桌前選好位置坐下後，隨後而來陸續選擇不同位置坐下的人，這時，他們選擇的座位便代表了他們心中對你的看法及態度。

若對方選擇了你斜前方的座位時，則表示他並不想和你交談，既然如此，你也無須自討沒趣，以免碰了一鼻子的灰。

若坐在你正前方的人，正企圖想找你麻煩時，你不妨若無其事的將身體轉開，和他成九十度直角，來避開他的挑釁。

67 從會議上主管的座位觀察領導風格

開會時，主持會議的人，也就是你的主管，或者是這個小組的領導者，是坐在哪個位置呢？由他們所坐的位置，我們可以看出這位主管是屬於哪種類型的人。

首先，讓我們看看長形會議桌的情況。若你的主管選擇坐在較短一邊正中央的座位，表示他是相當重視解決問題的類型。在討論一個議題時，他的心中已有既定的想法，聽取眾人意見的同時，他會不斷地將自己的想法，半強迫性的推銷給大家，逐漸地統合出結論。在他們主持下的會議，很少會有冗長的情況發生，他們能夠很有魄力的將問題導入結論，不會拖泥帶水，有著非常強勢的領導作風，可稱得上是不折不扣的獨裁者。

若選擇坐在較長一邊的中央座位，這類型的主管，與解決問題相比，其實更重視的是人際關係的調和。他們召開會議的主要目的，與其說是要討論方案，不如說是想藉此得知每一個人的想法，傾聽眾人的心聲。對他們來說，會議是個交換意見、心得交流的場所，大夥齊聚一堂，互聽心聲，激發大家對團體的歸屬感、向心力，調和彼此的關係。藉由會議中大家發言的情況，判斷誰和誰感情深厚，誰和誰意見不合……等等。

另一種狀況，如果會議上沒有明確的領導者，而是一個大家地位均等的討論會，這時，選擇坐在正中央位置的人，通常是個性積極，具有大將之風的人，自然而然他會整合衆人的意見，負擔起統籌的工作。如果你擁有支配衆人的能力，不妨試試看坐在正中央吧！

至於圓形桌和長形桌，又有很大的不同。在會議室或辦公室中，我們很少會看到圓形的桌子。圍坐在圓形桌旁，我們很難看出誰才是當中的領導者，不似長形桌的針鋒相對，圓形桌營造出一種和睦的氣氛，少了上下尊卑的關係。雖然圓形桌看不出領導者與部屬間的區隔，但一般而言，坐得距離較爲疏鬆的那一方，大多爲主管或是領導階層。

68 你習慣挑哪個位子坐？

員工餐廳、公司附近的咖啡館、會議室、資料室……等等，在這些擁有較寬敞空間的房間裡，你會選擇坐在哪個位子呢？透過不同的位子，我們可以大致判斷每個人的個性。

偏好明亮座位，選擇坐在靠窗邊的人，其個性屬於普通平凡的一型。避開出入口及洗手間附近，盡可能遠離喧鬧吵雜的客人，這類人的個性也不特別突出。而有些人在無意識中，自然會走向裝飾有美麗花朵附近的座位，這是比較一般的情形。

一般來說，在沒有什麼人的情況下，大多數的人會選擇窗邊、牆邊，或者是內部較幽靜的座位，以便使自己的心情平和下來。但是，刻意挑選餐廳正中央座位的人，似乎就不多見了。而這種人，是屬於自我表現欲強烈的類型，他們的話題總是以自我為中心，對他人的事漠不關心，聊天時不斷強迫別人聽自己說話，而自己卻總是忽略他人的意見，不顧他人的感受。當店裡客人多了起來，而被要求併桌一起坐時，他們會很明顯的表露出厭惡、不滿的態度。或者，當他們點了奶茶，服務生卻不小心弄錯，端來檸檬紅茶時，他們會馬上提出強烈的抗議，絕不是隨和、好溝通的類型。

喜歡坐在入口處附近的人，屬於個性急躁的類型。對於周圍環境觀察入微，生活態度相當認眞。永遠閒不下來，喜歡到處走動，樂於照顧他人、替他人服務。

選擇靠近牆壁附近的座位，而且面向著牆壁以背對著其他客人的人，顯示出他們不想和其他人任何瓜葛的心態。背對著其他的客人，通常熱衷埋頭於自己的書中世界，無視於外界的存在。

同樣選擇靠近牆壁的座位，但背對牆壁、面對店內客人而坐的人，其個性應該算是蠻普通的類型！人們會將背部貼著牆壁，是一種十分尋常的心理反應。因爲背靠著牆壁，我們便不需要擔心背後是否會有敵人偷襲，而又可以眼觀四面、耳聽八方，注意周圍的動靜。

對一般人來說，由於背部沒有長眼睛，很難注意到有什麼事情發生，因此將背靠著牆壁，是一種能令人安心的本能反應。

而盡可能的選擇角落位置的人，也是因爲這個位置能夠一眼就看清店內全景，對自己來說是最安全的位置。坐在這個位置，可以完全掌握出入的人物，既不會受他人注意又能仔細觀察他人。大致而言，這種人追求安定、穩定的生活。

由於他們習慣做一個旁觀者，基本上缺乏決策的能力，以及作爲一位領導者應有的積極態度。因此，與其要他們做一位領導者，還不如請他當顧問來得更加適合。

69 主管的威嚴是眞？是假？

「喂！某某，你過來一下！」有一些主管習慣動也不動地端坐在自己的座位上，大聲呼叫部屬到自己的辦公桌前，再下達指令。這樣的主管，乍看之下給人的印象，是充滿自信的威嚴人物，但事實上卻正好相反。

人類常喜歡爲自己畫定勢力範圍。因爲在自己熟悉的地方，自然會感到安心，做起事來也特別得心應手。而在陌生的場合工作時，則會莫名地緊張起來。又如在自己家中，可以完全放鬆，爲所欲爲、不拘小節。一旦到他人家中拜訪時，神經馬上繃緊，全身都不自在起來。比起首度光顧的店，一些常去的店就令人感到安心與自在多了。人常在心中界定自己的勢力範圍，在這個範圍內是自信心滿滿，可以放手一搏，一旦踏出了這個範圍，則會被不安的感覺所圍繞。

工作上也是如此。在自己勢力範圍內的話，心理上便占了優勢，做起事來也就得心應手許多。剛開始探索陌生事業時會惴惴不安，和不熟悉的人共事時會不知所措，只有在自己熟悉的環境下工作，才是最能令人卸下武裝的地方。

在辦公室中，有課長、經理等職位區分，職位越高者，其辦公桌相對的也越大，有些公司甚至給予主管們個別的辦公室。所以，位高權重者，其勢力所及之處，也就越加寬廣。

因此，有事情向部屬交代時，盡可能的都會命令屬下到自己的「勢力範圍」內，再加以指示。如此一來，上司在心理上才能充分感到優越感。而從另一個角度看來，被叫進主管辦公室的小職員們，由於必須離開自己的勢力範圍，踏入上司的勢力範圍中，而覺得緊張與不安，進而被其權威感懾服。

爲了鞏固自己的地位、展現自己的權威，將部下叫到辦公桌前，是深諳心理戰術的人，但是這類型的上司，卻出乎意料的缺乏自信心。由於沒有自信憑本事來贏取屬下的尊敬，讓自己「經理」的頭銜名副其實，因此不敢走出自己的勢力範圍去發號施令，惟恐一旦走出去之後，部屬們便不再接受管轄了。

平時刻意端出威嚴的架子，只不過是虛張聲勢而已。只有這種類型的主管，才會以脅迫的語氣對部屬說：「你到底在搞什麼？到底明不明白我說的話？」、「你到底想要怎麼樣？」等等，是屬於濫用權威的類型。

有些主管習慣離開自己的座位，主動移架到部屬的辦公桌前，交代事項或商討事情。這類型的上司，平易近人，容易相處，習慣以互相平等的姿態對待部屬，是最能讓人信服的實力派。由於是眞材實料，自然擁有相當的信心，無須刻意強調權威及職位的高低，因此理所當然的會贏得部屬的信賴，而且在他們的觀念中，本來就很排斥那些表面上卑躬屈膝的應酬。

他們即使走出自己的勢力範圍，也不會有強烈的不安全感。同時，在他們心理層面的勢力範圍也遠比一般人寬廣許多，因此即使走到部屬的辦公桌邊，也沒有絲毫的陌生感。反觀那些總是把部屬喚到跟前的主管，其心理層面的勢力範圍一定相當狹隘，由於無法掌握部屬的想法，心中時刻感到難以樹立威嚴的不安，因此只能在自己所設定的勢力範圍內生存下去。

因此，無論在任何場合中，皆能無所畏懼、處之泰然，才是眞正充滿自信的人。

70 排斥員工餐廳的心態分析

公司明明設有員工餐廳，有些人卻堅持不願踏入。這種人，通常對於工作上的人際關係懷著強烈的不滿，環境的適應能力也略嫌不足。或許平時和同事的關係就不太和諧，工作結束後，也從不和同事們相約去吃飯、聊聊天，對於公司內部的員工旅遊等團體活動，更是尋找各種藉口推掉。

他們雖然在公司工作，卻害怕整個人成爲公司的一部分。他們之所以踏入社會，皆是因爲生活所逼，在他們心中，眞實的自我應該是在別處，而不是在公司。因此他們希望「至少在吃飯的時刻，是自由的，可以遠離公司、遠離這個社會」。

他們無法忍受生活中的點點滴滴，皆被社會所侵占，期盼擁有自己的空間。事實上不少人都有「至少在午餐時間離開公司，到外頭享用午餐」的想法，因此不論工作多麼忙碌，他們也堅持不去員工餐廳。由此看來他們對社會的適應能力並不強，心中也積存了不少的壓力。

如果部屬中出現這種人的話，應該多多給予關懷。但是要他們接受上司的照料，坦承自己的心結，似乎相當困難。

若他們能夠尋覓到一份不但自己認爲值得去做的事，同時又能感受到身處在社會中的自我價值，這樣是最完美不過的事。然而這種機會也是可遇不可求的。

相反的，也有一部分的人，只習慣在員工餐廳中吃午餐。偶爾約他們到外頭去吃午餐，他們反而嫌麻煩。這種類型的人，對環境的適應能力很強，容易滿足現狀，對生活沒有什麼不滿，也沒有想要突破現狀的企圖心。他們從早到晚都待在公司裡，但若因此將他們看成對工作熱忱的優秀員工，那就錯了。他們工作效率出人意表地非常低落，常常呆坐在辦公桌前耗時間，工作上則遲遲毫無進展。

這類型的人容易安於現狀，不想突破現況，沒有出人頭地的野心，只期望平穩地過著朝九晚五的上班族生活。如果沒有什麼意外的話，他們終其一生可能就這樣平凡的度過了！但是一旦他們安定的生活受到威脅時，他們也會憤而抵抗的。例如勸他們另尋工作，或是命令他們提早退休，他們便會有強烈反彈，爲了繼續維持現狀，他們會稍微提起精神，振作起來，發揮令人意想不到的驚人實力來反擊。

異性交友篇

Chapter 6

99 Knacks to see Through Ones's Notions

71 愛打電話聊天的人，非常怕寂寞嗎？

過去，只要一提到愛講電話的人，就會令人聯想到女性或是證券交易員。女性天生就喜歡聊天這是可以理解的，但是最近男性一拿起電話就聊個不停的情形越來越普遍。一般而言，男士們聊天的話題大多以工作、運動、政治爲主，而反觀女性們聊天的內容，則偏向於「隔壁某某太太好像和誰關係曖昧……」之類的八卦。從男性的觀點來看女性們的聊天話題，會認爲那不過是些雞毛蒜皮的無聊事，而女性眼中的男性話題，也認爲是可有可無、無聊至極的。

另外，有些人一旦陷入熱戀時，不論身在何時何地都會有想要打電話給對方的衝動，變成所謂的「電話魔」。一天打一通還不夠，總要打個三、四通才夠，甚至更多。

「你現在人在哪裡？在做什麼？」「我剛剛忽然想到，××現在怎麼樣了？」「我正在開會，待會兒再撥給你。」「我下班了，要約在哪兒見面？」……諸如此類的對話等等，再加上現在行動電話日益普及，這些電話魔們可說是如雨後春筍般地暴增不少。

不斷接到電話的一方，或許會認為「他每天打那麼多通電話給我，一定是很在乎我，很喜歡我吧！」若你認為這種電話魔的舉動是愛情因子在作祟的話，就大錯特錯了。他們和愛送禮物的人相同，是屬於相當自我、任性，支配欲強烈的類型。

這種類型的人希望交往的對象能隨時都在自己的掌握、支配範圍內。一旦對方不在自己的視線範圍內，便會不斷地以電話去確認對方的行蹤，以確實掌握對方的一切事物，是屬於獨占欲非常強的類型，絕對無法允許對方有出軌的情況。他們完全不顧慮對方的立場，也不曾想過對方也需要有自己的時間和空間，只想把對方所有的一切據為己有。

奇怪的是，當對方在自己身邊時，他們反而是心不在焉，不把對方當成戀人看待。這是因為對方已在自己的監控範圍之內，沒有擔心的必要，因此，在電話中總是說個不停的人，一旦見面後，反而一個人默默地在一旁看著雜誌。既然如此，為何不把話留到見面時再聊呢？沒有碰面時，各自做自己的事情，享受自己的時間，不是很好嗎？可惜他們偏偏不這麼想。分開時，不斷打擾「對方私人的時間」，在一起時又十分重視「自己私人的時間」，這就是電話魔的特徵。

另外，這些電話魔也不擅於處理自己的感情，深受嫉妒、羨慕、後悔、寂寞……等複雜情感的糾纏。一位成熟的大人，在某種程度上應該可以自己處理這些情感問題，但這些電話魔在處理感情方面表現拙劣，根本沒辦法妥善面對自己不安的情緒與消極的情感，因此便希望藉由電話找人排解。

人，誰無煩惱、誰無苦悶，一般人藉由電話向朋友談起近況時，大多是聊聊大致的狀況，而將細節部分留到下次見面時再聊。而電話魔們卻是一遇到事情，便會強烈的想要馬上把當下的情感發洩出來，無法憋在心中。但是要找一位真正的知己，能讓他們如此傾訴的對象，對他們而言，方是一大難題。

72 禮物可以視爲愛意的表徵嗎？

對於自己心儀的異性，採取不斷送禮的攻勢以爭取好感的人，或許有人會以爲這種人體貼入微，對愛情相當執著，然而事實絕非如此，這種人其實相當自我甚至於遲鈍，以致於因無法了解對方的感受而沈浸在自己描繪的愛情國度裡。

人際關係是由「施與受」構成，當我們從他人身上得到什麼時，自然會同樣的回報給對方。好比婚喪喜慶的賀禮，當我們從他人手中接到賀禮時，心中便會自然地推測禮物的價值，作爲回禮時選擇等值禮物的參考。

當對方對我們存有好感時，我們也會回報對方以好感。同樣的，當我們感受不到對方的善意，當然也無法給予好臉色。人與人相處即是互相揣測對方的感覺，感應自己在對方心目中的看法，感覺對了，則會更加親近，感覺不對味，只好保持適當的距離。幾乎所有的人都是藉由這種心中的天秤，來處理人與人之間的交往。

習慣利用禮物展開攻勢的人，卻將這種平衡關係破壞殆盡。一心只想到自己「喜歡」對方，完全沒有顧慮到對方的想法。執意送禮的結果，反而會造成對方心理上的負擔。這應該是衆人皆知的常識，但是這些不斷送禮的人卻認爲：「我只是藉著送禮物來向她（他）表示愛意而已，並不期待對方的回報。」但如果站在對方的立場，單方面的收受禮物，很容易造成心理上的負擔及困擾。

也有人明明不喜歡對方卻心存「不斷收到禮物眞是幸運，既然對方愛送，我就照單全收了」。那些以送禮物爲追求手段的人，若知道自己喜歡的人竟是如此冷漠，應該會感到無奈與難過吧！還有一種人，即使知道對方並無誠意，還自我安慰「無所謂，只要對方能夠接受我的禮物就好了」，這種人應該是少之又少吧！

喜歡送禮的人，當然是希望以禮物吸引對方注意，並期待藉著送禮來得到對方的感情，是認爲愛情可以用金錢購買得到的典型。然而這種用金錢換來的愛可以長久嗎？愛情應該是相知相惜、自然而然滋長而來的。

採取禮物攻勢的人，實際上並沒有眞正了解愛情，因爲心中存著支配他人的欲望，而藉由送禮來滿足他的支配欲，以這種關係爲基礎的戀情是無法順利長久的，拚命送禮來表現自己的款款深情，往往是經不起時間的考驗的。

但是這些熱衷送禮的人，卻認爲自己的行爲是「愛的證明」，並深信不疑。當對方不領情，他們甚至會由愛生恨，指責對方不知好歹、忘恩負義。

這類型人的人格形成，通常在年幼時，由於父母工作忙碌，無法時常陪伴在身旁，總是以零用錢或禮物作爲補償，因此，幼小的心靈便將零用錢或禮物誤解爲愛。長大後自然而然也就以饋贈的方式來表達對他人的好感。

73 情侶裝透露著你的不安

「制服」的功用，在於令人一望即知你的職業，在人群中，可以輕易地分辨出一個人是來自於哪一個團體。

企業利用制服來提振向心力，情侶們喜歡穿著相同款式的情侶裝，向外界宣告「我們是一對情侶（夫婦）」，藉以強調雙方親密的關係。

然而如果是眞正心靈契合的伴侶，根本沒有必要穿著情侶裝來強調兩人之間的特殊關係。因此喜歡穿著情侶裝的人，其實是對於兩人的關係存在著相當高的不安全感！同樣的，穿著情侶裝的新婚夫妻，也顯示出兩人的心尚未密切結合在一起。

結婚戒指代表著「我已經結婚」，同時也有著期許將兩人的心拴在一起的作用。所以已婚男性在外逢場作戲時，都會先將結婚戒指暫時脫下，才能夠盡興地玩，因爲戴著結婚戒指，無時無刻都在提醒自己已婚的身分，因此，婚戒也有著相當的警惕作用。這些形式上的東西，可以輕易的將它去除，但是它們在心理上所造成的效果，卻是如影隨形的。

從另一方面來說，當兩人相愛時，自然會戴著結婚戒指，但當彼此的心靈逐漸無法相通時，常會有將它束之高閣的情形。因此，戴婚戒與否和彼此間心意是否相通有著無法分割的關聯性。

總而言之，喜好將成對的飾物穿戴在身上的人，多半是以加強彼此間的關係爲目的，但在其內心深處卻有著隱隱的不安。相反的，不喜歡穿戴這些東西的人，對於彼此的感情則相當有自信。

情侶及夫婦們對於流行的品味，最好能培養相同的看法及見解，而不是依賴那些看起來一體的情侶裝，來爲彼此的默契背書。興趣南轅北轍，衣著品味完全不協調的情侶們，分手的機率還是相當高的。惟有不依賴情侶裝，就能散發出相似的氣質，才是眞正心靈契合的伴侶。

74 易沈迷者爲何無法持續長久的愛情？

熱情來得急，去得也快；容易燃燒的東西，也容易被澆熄，容易沉迷於愛情的人，其熱情往往如曇花一現般稍縱即逝。

容易沉迷於各項事物的人，在精神上原本就有著不安定的狀態。人類在心情不安與寂寥時，在感情空虛無助時，會企圖尋求情感的慰藉、心靈停泊的港口，來緩和不安的情緒，或者隨便找個假想戀人作爲寄託，尋求心中的安定，所以，很容易喜歡上他人。

這種心情相信誰都有過，但是如果需求特別強烈的人，在生活上就更難適應了。因爲每個人都有自己的生活、自己的煩惱，要求戀人將所有的精力放在你身上、全心全意照顧你是不可能的。由於容易沉迷的人原本情緒就極端不穩定，看到他人憂心忡忡，更是坐立難安，依賴的心態更加強烈。處於這種不平衡的狀態下，情侶間的關係會頓時緊張起來，隨時都有可能崩潰，很容易便造成分手。

況且在彼此尚未十分了解時，便放下所有的感情，在心中替對方勾勒出一個完美的形象，與幻想中的人物談起戀愛來。另一方面，實際相處之後，對方可能和想像中的完美形象差距甚大，一旦他們發現對方並非自己心目中的眞命天子時，那股熱情便會瞬間冷卻下來。

某位男性朋友曾經迷戀一位比自己年長的女性，但突然之間他的熱情卻冷卻下來了，他的理由是：「我一直以爲年長的女性會凡事包容我、聽我說話、擁我在她懷中哭泣，但事實上並非如此。」容易沉迷的人更容易迷失自己，無法看清現實狀況，一旦美好的想像瓦解之後，很快的就會失去原先的熱情。

還有一些人志在得到對方的身體，一旦得手後，馬上就棄之如敝屣，這是動物狩獵的本能，就像孩子們不斷更換新的玩具一樣，他們以捕捉越多的異性就越自豪，更以這些數字來肯定自己的價值。

只有藉由相識慢慢地喜歡上對方，逐步了解對方的優點及缺點，在互相了解的情況下，相互包容、相互扶持，這種感情才能穩定持久。

75 找個氣味相投的人談一場戀愛

一旦戀愛即陷入熱戀的人，戀情容易無疾而終的原因，除了因爲認識對方的時間太短，無法一一確認彼此個性是否相合？興趣是否相投？再加上只要一喜歡上對方，就希望兩人無時無刻都能膩在一起。但是，沒有保持雙方最適當的距離，一談起戀愛便會失去觀察、判斷對方的能力。

如何才能讓戀情長長久久，通過各種試煉，進而攜手步上紅毯的那一端呢？有人做了一項調查，結果顯示「同質性高的情侶一起邁入結婚禮堂的可能性也最高」。

情侶中如果一個人熱愛戶外運動，另一人則非常厭惡運動，視運動爲苦差事，這樣，兩人如何能一起愉快地享受休閒生活呢？若一人對電影瘋狂，另一人卻完全不感興趣，彼此間又如何會有共通的話題呢？男女雙方如果能夠盡可能地擁有共通的興趣、相同的夢想，構築起來的感情才能更根深柢固。

另外，個性較不切實際的男性，與個性較現實的女性，能以喜劇收場的歡喜冤家也是少之又少。一方腳踏實地認眞做事，一方隨興做事毫無計畫的話，兩人的感情實在很難順利發展。而男方對愛情的渴望比女方來得強烈，似乎也很難順利結爲連理。

總之，共通點越多，步入禮堂的機率也越高。相反的，若雙方的個性屬於互補，則必須搭配「機智」、「穩重」的要素。一方靈活機智，另一方則要成熟穩重，確實扮演好聽衆的角色，也是不錯的組合。

和自己價值觀相類似或是想法相近的人在一起，心情自然會感到舒暢；相反的，若和凡事皆與自己持相左意見、想法和作法都背道而馳的人在一起，在工作上或許尙可互補長短，但卻不適合成爲共同生活的伴侶。

男女在交往期間會不停地約會，目的就是要藉由見面的機會多了解對方，確認彼此合適不合適？一旦認定對方適合自己，願意長久交往，才會開始考慮結婚的問題。此時，雙方的成長背景及生活環境也應列入考慮，如果差距很大的話，還是會造成阻礙的。

容易沉迷於戀愛的人另一個特質是，越有阻力會越加瘋狂投入，與其說是愛上對方，不如說是迷戀橫亙在中間的障礙，這就是他們不斷地愛上和自己個性南轅北轍的人的原因！因爲細水長流的戀愛無法撫平他們熱切的渴望，只有轟轟烈烈、驚天動地的愛情才是他們所追求的！

76 不正常的態度造就不正常的愛

「他如何看待我呢？喜歡還是討厭呢？」由於對方的態度曖昧不明，讓人完全無法捉摸，只好不斷揣測對方的心意，企圖打破迷障，但對方的態度忽冷忽熱，使人如墜五里雲霧中，陷入無法獲釋的矛盾情結裡。

今天他可能對你惡言相向：「我不想再看到你，只要我願意還怕沒有女人嗎？」甚至對你拳打腳踢；但是到了第二天，他卻可以一百八十度的大轉變，既溫柔又撒嬌地說：「沒有你，我活不下去。」這類型的人雖然以男性佔大多數，但女性也大有人在。

這種人慣用的手段就是，在言語上可以甜言蜜語，將「喜歡」、「愛」掛在嘴邊，但態度上卻表現出對你的厭惡與不耐煩，讓對方感到不安及無所適從。這種欲擒故縱的態度反而讓對方離不開他們，這種越想理清卻越理不清的矛盾，就好像身陷沒有出口的迷宮般，無法從中逃脫。

這種狀況稱爲「二重拘束」，是原本發生在精神分裂症患者家庭的一種狀況，由於父母親對孩子的態度不斷持續著言語及行動的矛盾，導致小孩最後精神分裂。這種家庭中的父母，嘴裡所說的愛和身體所表現出來的愛完全是兩回事，一方面對小孩表現出疏離、冷淡的態度；但另一方面卻不斷對孩子說：「我愛你」小孩因爲感受不到表裡一致的情感，也就無法建立起彼此信賴的人際關係。成長之後，當有人對他們表示好感時，他們卻心存懷疑，覺得對方所說的都是謊言，而那些對自己態度惡劣的人，他們反而誤認爲這才是愛的表現。

能夠做到讓對方離不開自己，可見其手段十分高明，但如果繼續以這種態度與人交往的話，這樣的愛情是不會有好結果的，把這種不正常的關係誤解爲愛情，一旦陷入，將很難再從裡面逃脫出來。

77 爲失戀落髮的女性韌性極佳

將蓄留了很久的長髮，毫不猶豫地剪短，被失戀打擊得有氣無力、意志消沉，其垂頭喪氣的樣子是十分引人注意的。人們會在一旁猜測，她一定投入相當多的情感吧？失去愛的她一定非常傷心吧？事實上這些擔心其實都是多餘的，出乎意料的是這個類型的女性很快便能從失戀的悲痛中站起來，重新出發。

剛失戀的心情通常相當低落，處事也極爲低調，不希望別人發現自己的黯然神傷，刻意將頭髮剪短的話，反而引起別人的注意，不明就裡的人也就不停地問東問西。「失戀」原本是一件非常個人的事，是心底最深處的問題，只能和知己好友談論，碰到根本不熟或是不了解整件事的普通朋友，則不希望他們多加議論。所以乾脆將頭髮剪短的人，其潛意識是希望引起旁人的關注，強調自己失戀了，正是難過、傷心的時候，希望得到衆人的同情、安慰及照顧。

當然處於失戀狀態的她們，聽她們訴苦給予一些安慰，是理所當然的，雖說沒有必要太過擔心，但是若對她們不理不睬的話，她們可能會做出更驚天動地的舉動來引人注目，因此，還是對她們付出適度的關懷與安慰較為妥當。值得注意的是，這種女性相當自我，極有可能將男性玩弄於股掌之間恣意報復，奉勸純情的男性們，最好遠離她們，以免受到傷害。在你被她楚楚可憐的外表所迷惑，因而同情心氾濫，想盡一己之力好好安慰、照顧她之前，請先看清楚她是天使，還是魔鬼？千萬別墮入萬劫不復的深淵而後悔莫及。

灑脫地將頭髮一刀剪短，的確有令人一掃陰霾的輕鬆感，但這並不局限於失戀，當你想要全新出發時，也會希望改頭換面展現新的風貌。

最近許多剪短頭髮改變造型的女性，純粹是為了趕時髦，並非心中受到失戀的創傷。這一類型的女性，她們的情緒會隨著服裝或髮型的改變而改變，一個全新的髮型和服飾，會令她們由內到外感到煥然一新，這種獨立、優秀的女性，不論她們遭遇任何挫折，都能很快地站起來，走出陰霾重新出發。

78 堅持保有私人空間反而是絕不分離的保證

「婚後，我希望擁有私人的房間喔！」、「就算結了婚，我還是堅持分床睡」，如果你的戀人在婚前向你作出這種宣示的話，你將做何感想呢？

「你眞的喜歡我嗎？」、「這麼冷淡的女人」、「現在就這麼說了，將來還得了……」，心中難免萌生這種疑惑。

乍看之下，希望各自擁有自己的房間，好像刻意讓彼此保持距離，意味著不想和對方親近。事實上正好相反，這種擁有「自我空間」的夫妻，彼此之間反而較能天長地久地維持下去。

洛山布拉特及布德針對已婚夫婦以及未婚但已同居的情侶們，做過一系列的調查，得出以下的結論：

已婚的夫婦們，大多擁有各自的床、各自的房間，甚至在很多方面都分得相當清楚，並不是所有的事都一起去做，經常各行其事，各自為政。而同居的情侶則不然，他們較少有自己的空間，兩人的生活領域幾乎重疊在一起。

其實抱持著希望兩人長長久久生活在一起的想法的人，通常會希望擁有私人的空間，因爲不管多麼親密，個人的隱私還是需要維持的，即使親密如夫妻、情侶，讓對方保留一點空間，反而能讓彼此的感情更加持久。

而無論何時何地做任何事兩個人都要黏在一起，毫無隱私可言，反而會讓男女雙方沒有喘息的空間，其中一方甚至會希望能找個地方透透氣，因此便瞞著對方在外面偷腥。對方會這樣做無非是想要確認自己的獨立性以及存在性罷了。如果知道最後將演變成無法交集的兩條平行線，何不在最初就身體力行「夫婦（情侶）是兩個獨立個體，而不是一體兩面」的道理，以成熟的心態處理兩人的關係，才能白頭偕老。

因此，如果你的戀人在婚前，即向你表明要有各自的房間，或是種種行爲皆表現出完全尊重你的隱私權時，你應該感到非常高興，這表示她（他）非常注重你們之間的關係，這是她（他）希望和你天長地久的明證。

79 利用你來我往的視線辨別愛意

男性之間如果目不轉睛地盯著對方，往往給人一種「宣戰」、「挑釁」的意味，但兩性之間則經常藉著互相凝視，作爲情感表達的一種方式。

男性們凝視著自己心儀的女性，進而捕捉其視線，兩人在四目相接的瞬間，開始深情款款地傳達愛慕之意。男性藉著高談闊論來吸引女性注目，此時若女性將視線移開，他們會頓感挫敗「她是不是對我沒意思」、「我的話題是不是很無聊」，其實女性在傾聽對方說話時會不時地將視線移開，這是毫無意義的動作，根本不必感到失望。

男性在傾聽女性談話時，往往比自己說話時，更會注視對方的雙眼；而女性正好相反，當自己說話時，會凝視著對方的雙眼，但傾聽時，常會不經意地移開視線。由於男性在面對心儀對象時，會專注的凝視對方，致使他們同樣認爲女性理應如此，當女性將視線移開時，自然就聯想成「她對我不感興趣」，事實上並非如此。

當然，當你口沫橫飛、高談闊論時，她不但不看你，還心不在焉地東張西望的話，這才是對你完全沒興趣的表徵。

80 喜歡追求美女的人是最沒自信的

男性朋友若看到其他男性時常帶著不同的美女漫步於街頭時，心裡都會不由得吃味：「爲什麼老天爺只眷顧這傢伙呢？」

一般男性多半會認爲向大美人搭訕、展開追求攻勢，少不了會碰一鼻子灰，因此能夠贏得美女芳心的男性一定是實力相當且信心十足的人，但事實上正好相反。專門瞄準美女的男性，其實是最沒有自信的人，其中甚至有些人還有「自我厭惡」的傾向，正因如此，他們才會專找美女下手。

這種心態猶如駕著拉風的跑車馳騁在街道上，希望藉由身旁的美女來炫耀自己、抬高自己的身價，贏得別人的注目以及欽羨的眼光。

眞正能與自己情投意合的人絕不僅限於美女，只要彼此個性、興趣、背景……等具有共通點的話，戀愛關係便能長久維持。但是這類美女殺手完全不考慮客觀因素，主觀的認定交友的第一要件，即是要能讓自己驕傲的美女。抱持這種心態交往是無法長久的，被遺棄的噩運馬上就會降臨，當他們被甩之後，馬上又向另一位美女展開下一波攻勢。因此每次上街，他們總能帶著不同的美女出現，看在不明就裡的男性眼裡，這眞是令人欽羨的人間美事啊！

一般人可能會認爲，能和如此多的美女交往的男性，在女性的眼中，一定是相當具有男性魅力，其實不然，他們可能只是泛泛之輩而已。由於一般男性總是認爲：「像我這種條件的人，怎麼可能得到大美人的青睞呢？」自慚形穢地排除了追求大美人的想法，所以追求美女的人，遠比想像中的少。因爲所有人都將大美女們視爲「高嶺之花」，只敢遠觀而不敢褻玩，因此只要有男性膽敢鼓起勇氣向她們表白，成功的機率是相當高的。

追求美女必須注意的是，美女們自有記憶以來，讚美之辭便不斷伴隨她們成長，因此「妳眞是個大美女」……等等這種容貌、外觀上的讚揚，對她們來說是不痛不癢，也不會感到特別開心。她們希望旁人從關注她們的外表，轉移到欣賞她們的內涵。因此，當你想要追求美女時，最好多注意她們美麗外表下的其他優點，相信一定比單純讚美她們的美麗，更能贏得佳人芳心。

81 紅顏多薄命的魔咒

身為一位充滿魅力的超級大美女，卻總是遇人不淑，這種例子在現實社會中屢見不鮮。這是一個值得探討的現象。

最直接的原因是之前所舉的例子，前來追求的人多半是迷戀於自己美麗容顏，而非真心誠意的男子。

在美國曾經做過這樣一個實驗，某大學舉辦一場模擬法庭，將兩位女性強盜犯的照片拿給學生們看，其中一位是外表出衆的美女，另一位則是外貌平庸的女性，憑著外表的印象，學生們對於這兩位強盜犯所判決的刑期是，美女約為二・八年，而非美女者則為五・二年。顯而易見，學生們對於美女是有偏袒之心的。從這個實驗，我們可以看出美女在現今的社會中，仍是十分占優勢的。

接下來將涉嫌詐欺的嫌疑犯照片給學生看，這一次卻出現了完全對美女不利的結果。美女被判刑平均五・五年，非美女則被判處平均四・四年。這是因為大家心中都認定美女們會以自己的美貌作為武器，遂行詐欺的犯罪行為。

身為男性的你，是否能理解以下這種心情，當你被一位相貌平平的女性拋棄，只能嗟嘆一聲：「個性不合」、「沒有辦法的事」就釋懷了。但同樣的情形若發生在美女身上，男性們則會情緒激動地懷恨在心「哼！擺什麼臭架子嘛！」對於美麗的女人，男性們的心情總是擺盪得特別激烈。

設身處地站在美女們的立場來看，她們的心中常會存著疑問，為何男性們對自己的態度總是如此極端呢？男性們一開始將美人過度美化、理想化，無盡的寵愛加身、竭盡所能地奉承，一旦幻想破滅後，男性們的態度立刻一百八十度大轉變，取而代之的是難堪的言詞辱罵。美人們不明白的是，總是受到人們奉承的自己，何以總是尋尋覓覓不知情歸何處呢？

由於上述原因，她們的戀情始終漂泊不定，對方何時會用何種態度來對待自己？她們完全無法掌握，自信心也因此逐漸被消磨殆盡。所以說美麗的容顏與幸福無法畫上等號。

興趣嗜好篇

Chapter 7

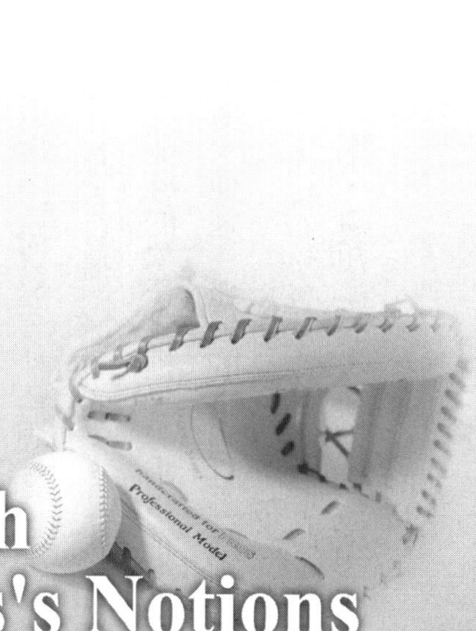

99 Knacks to see Through Ones's Notions

82 從興趣愛好看性格

任何人都有自己的興趣與愛好，心理學家通過調查和研究，查明一個人的興趣和愛好與一個人心理狀態之間的關聯。

在日常生活中，有些人興趣特別廣泛，對什麼都感興趣，這類型的人一般性格開朗，容易接受新思想、新事物，為人豁達，結交朋友的能力強。有些人則興趣較少，生活單調，這種人屬於孤僻性格，不好與人交際，個性內向、保守。

不少人認為，有收集狂熱的人，例如集郵、收集煙盒、酒瓶、昆蟲等成癖的人，大都具有偏執傾向。只要細心觀察這些人的工作態度，就會發現他們固守自我防線，極端厭惡別人越過雷池一步。他們是典型的獨善其身、自掃門前雪的人。

愛好體育運動的人，情緒穩定，往往喜歡躲在與世隔絕的象牙塔裡，尋求精神上的安定。他們大多由於在公司或家庭中無法與人相處，便逃入孤獨的世界裡。這類型的人一旦熱衷於某項興趣時，更容易強化他自閉的性格。

有一些人專門愛湊熱鬧，喜歡與陌生人共享垂釣之樂，這類型的人精神生活極爲穩定。他們生活態度樂觀，以極積健康的興趣來調節日常生活中未能滿足的欲望，將工作、家庭、業餘生活安排得合理有趣。

也有人認爲，年輕女子對古典音樂感興趣，大都屬於神經質類型；喜愛民歌者，身心健康且樂善好施；喜歡爵士樂的人，大都屬於感情豐富類型；喜愛流行歌曲者，屬於平凡類型。

而排斥某種興趣的人，心中必然有某種隱情和創傷。

據專家分析，各種休閒嗜好顯現的個性與心理如下：

1.看電影：喜歡以看電影來打發時間的人，喜愛驚奇。一生追求多姿多彩；平凡的生活令他厭倦。

2.游泳：這種人需要一個躲避每天沉重生活壓力的地方，而水中便是最理想的避難所。

3.露營：這項活動能滿足人們回到原始世界的欲望，無論年輕人抑或是成年人，露營皆能使其有機會與大自然和平共處。

4.散步：喜歡散步的人必定是充滿自信心、喜愛獨立的人，利用散步的時間想出解決問題的方法；同時，此種人的興趣是多元的，比別人更有能力處理人生的難題。

5.園藝：喜歡蒔花種草的人，必定是勤勞之人，園藝能爲他帶來勞動筋骨最實質的效益。

6.聽音樂：這種人經常需要激勵，音樂則是他最好的刺激品，有如充電一般讓他活力再現。

7.釣魚：具有耐性是這種人的特色，此種人願意長時間耐心地等待，而且希望獲得報酬。

83 由顏色了解此人的性格傾向

由喜歡的顏色，可以看出某人的個性。仔細觀察你周遭的人身上的配件、家裡的擺設、裝飾……等等，以何種顏色出現的比例最高呢？藉由這一點，便可以了解到這個人的性格傾向。另一方面，各人偏愛的顏色也會隨著年齡的增長而有所不同。

一般而言，偏愛藍色系的人，個性較爲內向，屬於知性、理性、冷靜型的人物。他們行事謹慎，擁有客觀分析事物的能力，在行動之前會做謹慎且嚴密的思考，絕不貿然行事，是個認眞且值得信賴的人。不過，行事若能再稍微積極一些會更好。

喜愛紅色系的人，渾身充滿生命力及行動力，整個人洋溢著熱情的能量。對新鮮的事物充滿好奇心，亦有表現自己長才的能力。與其封閉在自己的世界中，毋寧更應該往外頭廣闊的世界發展，好好地表現自己。這類型的人在思考問題時稍微欠缺深度，不過卻擁有勇於挑戰的旺盛精神，遇到挫折時，也不會輕易氣餒、認輸。

粉紅色給人一種柔和、甜蜜的感覺，讓人感受到女性的溫柔婉約。和紅色不同的地方，在於粉紅色更添加了一些羅曼蒂克的色彩，就好像置身於柔軟如綿絮的幸福氣氛中。許多熱戀中的人，都特別偏好粉紅色系。

偏好黃色系的人，是個絕對的好奇寶寶，個性自由奔放，腦筋動得很快，具備相當的幽默感，並擁有一股天真爛漫的魅力。

喜歡橙色系的人，個性開朗，是屬於喜歡引人注意的類型。橙色就像太陽一樣，具有光彩奪目的效果，但是個性上有稍微不穩定、不成熟的一面。

綠色，是樹木的顏色，也是令人安定的顏色。喜歡這種顏色的人，愛好自然，希望能過著平靜、和諧的生活。當身體覺得疲憊時，藉由綠色可以使身心鬆弛下來。

紫色也是疲累時藉以鬆弛身心的色彩。在日本，紫色給人的印象是高貴大方，所以喜愛紫色的人，其個性上一般來說比較偏好一些精神性或有氣質的事物，他們熱愛藝術，對美的事物相當敏感。紫色同時也給人一種性感的印象。

喜愛咖啡色的人，是屬於比較現實的人，大多熱衷於賺錢，喜歡蒐集一些小東西，希望擁有身邊所有美好的事物，過著富裕優渥的生活，擁有很不錯的品味。

喜愛白色的人，個性單純，有點潔癖，爲人誠實、正直，給人純眞、未經世故的感覺，喜歡追求精神層面的生活。

喜好黑色的人，心中隱藏著強烈的不安全感，個性纖細、敏感，容易受傷，同時對現實生活有強烈的不滿。內心深處埋藏著怨氣，隨時有爆發的危險。另外他們也有自私、冷酷的一面。

84 有蒐集癖好的人適合從事獨立的自由業

每個人在年少時，或多或少都會有蒐集東西的嗜好，例如：硬幣、郵票、紙牌、附在糖果中的小卡片……等等。那時對於蒐集這些小東西十分著迷，同伴們都會對他們投以羨慕的眼光，紛紛起而效行，所有的人似乎都在比賽看誰的蒐集品最多。

隨著歲月的增長，這種蒐集物品的熱情也就慢慢冷卻，但是也有人仍舊樂此不疲。而女性大多喜愛蒐集名牌衣服或是珠寶之類等等的飾品。然而如果換一個角度，從蒐集品的數量來看的話，大概要以男性居多！他們在家中堆滿了這些收集品，其數量之多，往往令人咋舌，但是他們並不因此而感到滿足，還是會繼續不停地將這些收藏品買回家。

像這樣迷戀於蒐集東西的人，在心理學上稱爲「肛門愛的個性」。一般而言，他們在二到三歲時，可能對於大小便的訓練不是那麼順利，常會忍住上廁所的欲望，等到積存一些排泄物時，再將其一次排出體外，藉此得到快感。

過早的訓練，或者是尿片遲遲未換，都會積存不滿的情緒，從此讓小便在不知不覺中形成「一定要把東西存下來」的觀念。就這樣一位瘋狂的收集家於焉誕生了。

因爲這種收集習慣，而成爲「××通」的人，爲數不少。這類型的人，對於自己喜愛的東西會異常地沉迷，但一旦失去興趣時，便會丟棄一旁，連看都不看一眼。他們在個性上十分任性，像個孩子似的，面對他人的批評，完全不予理會，依然我行我素。這種不成熟的個性，想要在人際關係複雜的社會中生存下去，恐怕是很困難的。

這類型的人適合從事像漫畫家、作家、插畫家、設計師等等自由業，亦即具有獨立性，一個人也可以完成的工作。而實際上，從事這類工作的人，大多都有蒐集某種物品的習慣，若能將自己所偏好的興趣，好好發揮在工作上的話，一定會有相當不錯的發展。

但是私底下，要和這類型的人親近卻不是一件容易的事。這種人會認爲給別人一點點的恩惠，就好像賣了很大的人情似的，因此，和他們交朋友時，保持適度的距離還是比較妥當。

85 美食主義者普遍都有欲求不滿的情形

對於食物的品嚐非常熱衷並且瞭若指掌的人，我們常稱之爲「美食家」或「美食通」。如果只和他們聊聊這裡的某某好吃、哪裡的什麼東西也不錯，是件很有趣的事，但是一旦和他們一起用餐時，他們對眼前食物的吹毛求疵，儼然一副美食評論家的姿態，著實讓人胃口盡失。

比如說：「嗯，這裡的湯，總覺得好像少了某一種味道。」「這道料理，是使用××的材料做成的，如何？你吃得出有什麼不同嗎？」一邊批評、一邊又擺出不可一世的態度。的確，追求美味的心態是大家都有的，但是過分狂熱的追求，並且向別人炫耀自己對美食的知識，甚且瞧不起對味覺不準確的人，是會讓人敬而遠之的。

這類型的人，事實上是在嬰幼兒期有某方面的不滿足感。佛洛依德認爲有這種傾向的人，是因爲他們從出生到八個月大之間，在某一方面沒有得到滿足，因而導致這種傾向。

從出生到八個月大的時期，我們稱爲「口腔期」，也就是尙在吸吮母乳的時期。在這段時期，小寶寶藉由和母親融爲一體的感覺，可以得到很大的安全感，然後進入下一個成長階段。

但是如果勉強他們提早斷奶，無法自母親那裡得到充分的哺育及安全感，就進入下一個階段的話，他們就會出現不適應的症狀。尤其當他們在長牙時，就會比一般人更強烈地想要得到「咬啃」的快感，咬的動作遠比吸的動作來得具攻擊性。而且比起那些充分得到母親的愛，能安心吸吮母乳的寶寶，他們對愛情的需求更加貪婪。

這些欲求的不滿，也會影響到接下來的大小便訓練階段，這個時期我們稱爲「肛門期」。沒有得到母乳哺育的寶寶比較容易拉屎拉尿，因爲在排泄時，如果能夠一口氣將積存的排泄物排乾淨，他們在心理上就可以得到很大的快感。因此在口腔期得不到滿足的孩子，便會希望在肛門期得到快感。

經過這樣的幼兒期長大成人後，其實不僅是限於對食物執著的人，一般被稱爲「××通」的人也大多屬於這種類型。這種人在性方面大多也有欲求不滿的傾向。

不論他們的表面工夫做得如何，在潛意識中對他人還是存有相當強烈的敵意，並且嫉妒心非常重。與人談話的話題若是自己所精通的事物時，便生龍活虎、精神奕奕；反之，則興味索然，不太理會。另一方面，當對方對自己的話題感到興趣時，就會很開心；但是對方如果表現出一副興趣缺缺的樣子時，則會毫不留情的反擊回去，他們諷刺人的功力一流，常會令人無言以對，難以招架。

這些可謂全都是因爲在幼兒期父母親給予愛的方式錯誤所導致，造成他們無法從欲求不滿中跳脫出來，因而養成如此不成熟的個性。

這類型的人，時常對某件事情表現得非常執著，因此如果努力得當，便能在某個領域上出人頭地。雖然憑著這種能力或許可以在社會上生存，但是如果一直無法脫離孩子氣的個性，那麼在人際關係的相處上是會問題頻出的，甚至連原本所擁有的能力也會被抹煞掉。

86 從旅遊方式看個性

接下來筆者將告訴你，從一個人喜歡去國外哪個地方旅遊，就可以了解其興趣所在。例如：喜愛到島嶼遊玩的人大多嚮往在潔白美麗的海灘悠閒地散步，恣意享受陽光的洗禮，住在高級的飯店、品嚐美味的食物，並且輕鬆地逛街購物。樂於享受這種海島假期的人，在個性上通常較爲外向，重視感官方面的享受，他們不會刻意要求一定要有什麼深度意義的旅遊，只要玩得開心就足夠了。

這些人大部分工作都相當忙碌，交遊也十分廣闊，每天都忙個不停，因此，他們極爲盼望遠離繁忙的生活，以悠閒、放鬆的心情來度過愉快的假期。這類型的人在現實生活中屬於很會賺錢的類型，但是他們賺得多，也花得多。

另外一種類型的人恰好相反，他們偏愛參觀歷史古蹟或是具有歷史年代的文化建築，是屬於內向型的人，通常志向遠大，並擁有一套自我的價值觀。他們認爲悠閒地在海裡游泳戲水的海島型旅遊，是很無趣的，而能夠親自觸摸世界遺產、悠遊於具有千年歷史背景的土地上，才是最有價值的深度旅遊。

喜愛這種旅遊的人，在工作態度上較為我行我素，很少會被做不完的工作壓得喘不過氣，因為他們的工作態度不是那種會奉獻自己，鞠躬盡瘁死而後已的類型。他們擁有自己的價值觀，不惜花很多的時間、精神與體力在自己熱衷的興趣上，即使所賺的錢有限，也會堅持去做自己喜歡的事。

舉例來說，熱愛紐約這個城市的人，通常對未來的人生充滿憧憬，而且對新鮮的事物充滿強烈的好奇心，希望自己永遠走在時代尖端。對他們來說，遊戲即是工作，工作即是遊戲，他們能將從遊戲中學習到的東西，巧妙地運用在工作中。這類型的人，多從事活躍的行業，對於流行資訊的捕捉非常拿手。

至於喜愛到如印度等古國旅遊的人，應該多屬於愛好思考的人！一提起印度這個國家，便給人一種神祕的感覺，以及獨特的文化氣息。喜愛到這類國家旅遊的人，對於異國文化抱有相當濃厚的興趣，喜歡深思人生的意義，探究自己存在的價值，不好物質享受，希望自己的人生過得充實而有意義。這類型的人，有點脫離現實社會的現象，很難適應競爭激烈的社會。常處於冥想狀態的他們，甚至會忘了吃飯等日常瑣事，具有不食人間煙火的氣質。

87 常因一時衝動而買東西的人

有些人一旦上街購物，就很難克制自己買東西的衝動，常常是沒有仔細思考便買了一大堆沒有用的東西，甚至把信用卡給刷爆了。

這種僅憑一時衝動而瘋狂購物的人，非常在意人們的眼光，希望讓他人看到自己最美好的一面，也就是炫耀自我的欲望十分強烈。其實所有的人都希望自己是衆人矚目的焦點，但是要達成這個目標，應該是靠自己的努力和實力才是。但是這些容易憑一時衝動購物的人，常常是因爲想要獲得別人良好的評價以及讚美，而過著逞能、好面子的生活。

由於他們十分好面子，因此金錢是不可或缺的，但是他們賺錢的速度卻遠不及花錢的速度。只要一卡在手，即使手頭上沒有足夠的現金，也會將想要的物品買回家，一些無法控制自己瘋狂購物癖的人，甚至會貸款買下想要的東西。

花錢買東西，的確是紓解壓力、發洩情緒的一種方式，但是也必須量力而爲，掂掂自己的斤兩，在經濟許可的範圍內選購必要的東西才是正確之道，一看到自己喜歡的東西就想買下，據爲己有，完全不考慮其他因素，這種行爲是十分幼稚不成熟的。其實，他們對於自己這種衝動的行爲，也常深感罪惡及後悔，因此盡可能想要將其隱藏起來。另外在人際關係上，他們也盡可能疏遠會看穿自己虛榮心的人。他們害怕被別人了解自己的眞實面貌，因此通常只和那些懂得奉承的朋友交往，於是逐漸地自我蒙蔽、自我麻痺，無法正視現實中克制不了欲望的自己。

如果向這一類型的人提出忠告，反而會被視爲是攻擊他的矛頭，他們並不會接受你的好意；如果棄他們於不顧，他們又很容易走上自我毀滅的道路。所以若是有人能以過來人的身分，給他們一記當頭棒喝的話，應該可以拯救他們吧！

88 喜歡老歌的人相當重感情

懷舊老歌中歌詞的內容，多是以敘述男女之間的戀情爲主軸，尤其是悲傷的戀情占壓倒性的多數。其中深切的道出嫉妒、愛恨、思念、離別的愁苦……等等，將難分難捨的感情世界，藉由歌曲娓娓唱出。就像一些流行歌曲一樣，它並不只是一些隨性的簡單語詞拼湊而成，一首歌就像一齣戲一樣，是有故事情節的。

唱老歌時，必須融入自己的心情，將自己化身爲故事中的主角，才能唱出感情。不能用平板起伏的聲調去詮釋它，否則無法將情緒帶到最高點，並完全融入其中。

喜好老歌的人，大多喜歡幻想，個性相當羅曼蒂克，而且十分重感情，很容易便淚眼汪汪；也很喜歡取悅他人，並以服務他人爲樂事。

當你有事情請求他們協助時，他們大多會很熱情地答應你，不過他們常會言過其實，即使答應了，也無法一一做到所承諾過的事情。他們的感情容易受到牽動，所以有時顯得過於情緒化，遇到事情很難冷靜地做出正確的判斷，時常沉迷於劇情中，而看不清周圍現實的環境。

這類型的人本身非常重視人情，期待所有的事都能靠人情的力量來解決；但是世人並非都認同此種想法。他們似乎不清楚何謂公事公辦，無法將人情從現實中區分出來，同時也缺乏區分的理性。在他們心中常存有「既然我們關係這麼好，他應該會幫忙我」的天眞想法，因而常常導致失敗的命運。

舉例來說，熱戀中的情侶，給人的感覺雖然如膠似漆，非常親密，但還是應當適度的保持一點距離較好，戀情也比較能長久持續下去。但是偏愛老歌的人，常看不清楚這一點，自以爲是地認爲，無論何時何地都要求自己和另一半在身心方面皆爲一體，彼此心靈相通，而沉浸於自己所編織的羅曼蒂克的幻想中。

89 愛唱時下流行歌曲的人

有些人到卡拉OK唱歌的時候，並不特定點唱固定的拿手歌曲，他們每次點唱的歌曲都不同，共同的特點是皆爲時下最流行的熱門歌曲。這類型的人，一般來說比較追求虛榮、好面子。受歡迎的歌手及流行歌曲，不停地在變化，而這類型的人也不斷地隨之變化，一邊表演，一邊假想自己是流行歌手，就連唱歌時的神情、手勢也都模仿得維妙維肖，儼然一副名歌星的架式，陶醉其中。他們盼望贏得眾人的讚賞，極端渴望得到他人對自己的認同。

他們平日所表現出的行爲亦是顯眼、引人注目型的，穿著的服裝以及髮型，也都跟隨著流行步伐，並且喜歡在眾人面前展現自己，若自己無法成爲眾人注目的焦點，心裡就會十分不舒服、久久不能釋懷。另外，他們對於愛的渴望十分濃烈。

但是，這類型的人，大多是金玉其外敗絮其中的人，沒有明確的興趣及嗜好，總是一味地追隨世俗的流行腳步、隨波逐流，安定不下來。

他們喜歡故弄玄虛，但充其量不過是裝腔作勢罷了，很容易就被別人識破。這種類型的人十分喜歡別人奉承他們，他們就像是個單純的孩子，只要有人為自己鼓掌，並被別人灌幾句迷湯，就會飄飄然，心滿意足了。這也說明這種人其實是很容易相處的類型。

他們在工作上也是如此，讚美的話對他們來說是不可或缺的。運用一些適當、適時的稱讚，比起對他們大發脾氣、嚴厲斥責，反而會有令人意想不到的效果。也就是說，與其否定他們，還不如肯定他們，對他們多加讚美，鼓舞他們的衝勁，如此一來，工作也就能更順利的發展下去。

90 嗜賭成癡的賭徒不為人知的另一面

在不喜歡賭博者的眼中，投入大筆金錢在賭博上，是十分大膽冒險的行徑。試想，將三萬元押在賭桌上，能否將它連本帶利地放回自己的口袋中呢？我們完全無法預測。那種感覺就好像將錢丟到水溝裡一樣，只怕有去無回。在一般人的觀念中，賭博這玩意兒必須承受很大的風險，膽子小的人恐怕是無力承受這種刺激的。

但事實正好相反，在嗜賭成癡的人當中，不乏許多相當膽小且懦弱的人。這種人在處理人際關係和工作的難題上，常給予自己過重的責任以及壓力，因此他們不斷地想從現實生活中逃脫，造成他們不敢面對現實的個性。

他們原本就屬於不善與人交往的類型，在工作職場上是沒沒無聞的小角色，在家裡也常被忽略，因此，在他們的內心中積壓著相當大的不滿，才會藉由賭博來排解心中的苦悶。俗話說，十賭九輸，他們明知道這一點，卻為了追求那偶爾賭贏的快感和滿足感，於是沉溺其中，無法自拔。因為在現實生活中，他們一直扮演著輸家的角色，因此在賭博中，那偶爾小小的勝利，就像個美夢似的，足以令他們著迷。當他們缺錢時，常會幻想著有人會幫助自己，非常不切實際。到了怎麼也湊不到錢，一籌莫展時，他們反而會突然把工作辭了，辭了工作之後要靠什麼賴以維生，連他們自己也不清楚，會有辭職的舉動只是單純的想要逃避而已。

面對這種類型的人，當務之急便是要讓他們能正視現實問題，並且勇敢面對，若非如此，而只是一味照顧他們、放縱他們的話，反而會害了他們。如果不讓他們試著靠自己解決問題，他們一輩子都無法面對現實。因此對待這種人，一定要狠下心，否則只會姑息養奸。

91 戒不了煙癮的人

一般人第一次抽煙，大概都是在叛逆的青少年時期吧！其實這和自我內在的成熟度有絕對的關係。

很多人在從孩子轉變成大人這個轉換期中，由於處於不大不小的尷尬階段，因而常會感到不滿及焦躁。所以雖然在生理上已是成人軀體，但實際上依然是在父母的庇護下生活，周遭的人也還是把自己當成孩子似地對待，不認爲自己已經是一個可以獨當一面的成人，於是他們就在這種矛盾中不斷地掙扎著，期盼早日成爲不折不扣的大人，並儘快脫離父母的監控。事實上，香煙對這些未成年的青少年們來說，是不被允許的違禁品，因此爲了逞強，並表現出對大人們無言的反抗，他們反而會明知故犯地去碰觸這些違禁品。

事實上只要父母及周遭的人願意將他們看做是大人，那麼他們也就沒有必要刻意去打破禁忌，爲反抗而反抗，藉著抽煙、喝酒來向全世界宣告：「我已成年了。」當然也有一些人並不需要藉由煙酒這些東西來證明自己，就能解決青少年時期心中的矛盾糾葛。這種人相當成熟理智，討厭裝腔作勢，認爲以實力、內涵表現自己，才是明智之舉。

從某一方面來看，青少年時期就開始抽煙的人，還有喜歡使性子、愛撒嬌的不成熟個性，這和他們表面上所宣告的「我已成年」的主張互相矛盾，證明其體內還是殘存著幼稚的個性。

另外，還有一種說法是，香煙是母親乳房的替代品。相信大部分的人在嬰兒時期，都有吸吮母乳的經驗吧！待稍微長大一點時，因爲斷奶而改由吸奶嘴來代替。也有些人會離不開這些，而養成了吸吮手指的壞習慣，心理學上把這種行爲稱做「口腔欲求」，事實上是離不開母親乳房的一種心理表徵，因此尋求以自己的手指或是奶嘴來代替。

而香煙也是相同的道理以及作用。記得有一段時期，市面上風行著一些戒煙的商品，據說在戒煙期間，許多人會渴望嘴裡能含著糖果之類的東西，這證明了抽煙的人根本不是喜歡香煙本身的味道，而是嘴巴想要含著某種東西，只要嘴裡沒有東西，就會覺得怪怪的。或許這也是口腔欲求不滿足的原因吧！

一般來說，男性吸煙的人口比較多，這是因爲男性在工作上，常常需要勉強自己拚命去做事，因此在心底深處有一股想要滿足自己稍微任性的要求吧！現在，女性也像男性一樣逐漸步入社會，在社會中立足，因此女性吸煙人口的比率也不斷攀升，這或許是因爲女性們心中也有些任性的願望無法被滿足吧！相反的，在年輕的一輩當中我們會發現，不吸煙的男性也漸漸多了起來，這有可能是因爲社會及生活的壓力使得最近的男性們漸漸失去毅力，不再勉強自己去拚命努力的緣故吧！

92 戒煙 V.S. 意志的強弱

抽煙對於人類「百害而無一利」，這是衆所皆知的事實。很多長期吸煙而導致肺癌的臨床照片，以及吸煙造成血管收縮，以致胃部顏色改變等等的照片，在報章雜誌上早已屢見不鮮。

明白香煙之害，而能毅然決然戒掉抽煙這種壞習慣的人，照理說應該對自己所決定的事情，能秉持著相當的毅力，確實去實行，屬於意志力堅強的個性才對，但事實上似乎並不盡然。

將自己長久以來的生活習慣以及態度，在一夕之間突然改變，在心理學上稱爲「態度改變」。根據心理學者傑尼斯的分析，可以輕易改變長時間習性的人，具有下列四項特性：第一、對社會抱有強烈的不信任感。第二、有抑鬱症的傾向。第三、比較容易克制住自己的攻擊性行爲。第四、自我意識薄弱。

這類型的人對社會抱有強烈的不信任感，他們深信自己擁有不錯的實力，卻得不到別人的正確評價，而引發這種情結。自己努力的成果無法得到社會大衆的認可，他們認爲這是社會的錯誤，不管怎樣自己還是對的，而社會是不值得信賴的。

所謂抑鬱症的傾向，是指常常壓抑自我，凡事放不開、優柔寡斷，一遇到困難便畏首畏尾，難以下決定的個性。他們無法清楚地表明自己的想法，遇到失敗總是躲在暗處自怨自艾，而不主動加以出擊；遇到一些不如意的事，也只會藏在心中不會說出來，並且默默地將仇恨埋藏在心裡面。

自我意識薄弱的人，對於自己到底是屬於哪一種個性？到底想要追求的是什麼？恐怕連自己也不清楚。

那麼爲什麼有這種個性的人，反而比一般人更能輕易地脫離癮君子的生涯呢？事實上，這種可以「態度改變」的人，無論在何時何地都一定把自己放在第一順位，說難聽一點就是相當自私的人。因此，當他們聽聞「香煙對人體會造成傷害」時，心中便會感到恐懼，怕會傷了最寶貴的自己，所以馬上就會下定決心戒了它。

另一方面，自我意識薄弱的人，很也容易受別人的言語所左右。正常的成年人，並不會因爲他人的三言兩語，而立刻改變自己長久以來的生活習性。但是對自我意識薄弱的人來說，不確定、不安定的未來，會使他們感到困惑以及煩惱，更無法讓心情平穩下來，於是改變不好的習性，便是他們唯一的方法。

雖然說這類型的人很容易就可以戒煙成功，但也可能會不斷地在「戒煙」與「吸煙」兩者中掙扎。通常他們在戒煙一段時日後，只要聽到別人說：「我是幾十年的老煙槍了，身體也沒有變得不好。」自己心裡便會想：「吸煙似乎也沒什麼壞處嘛！」之後又開始重新拾起香煙。等到又有某些報章雜誌刊載抽煙的壞處後，又害怕地開始戒煙，如此惡性循環地周而復始。總而言之，他們是屬於意志力薄弱的一群。

93 愛好獨酌者的人際關係

時常一個人獨坐在吧台的一隅，一小口一小口淺酌的人，並不是特別的愛好孤獨，因爲如果眞的喜歡孤獨的話，何不乾脆坐在家中，又何必花錢到酒吧呢？會到PUB喝酒的人，事實上是非常寂寞的，他們期待可以在那裡遇到安慰自己的人，並能陪伴自己。而通常這類型性格的人對於人際關係的處理，都不是很擅長。

他們總是過於主張自我，而忽略了身旁他人的感受，對於人際關係無法拿捏得恰當得宜，說話時總是以自我爲重心，因此常會遭到衆人的孤立、排擠。但是，就算被孤立、排擠，他們也不會認爲是自己的錯，反而對於別人不理解自己而自怨自艾，在酒吧中感傷地藉酒澆愁。

這類型的人，在解決問題方面也顯得不夠成熟。面對難題時，要他們擬定妥善的對策，似乎是件很困難的事，當事情的發展不如他們所預期的方向進行時，也不知如何應付、無法變通，因此他們常會採取消極的逃避方式，甚至會離群索居。即使成年後，對現實社會中的人際關係，依然無法好好學習，心態還是如同少年似的十分幼稚，以致生活中常遭遇到挫折。三十歲時，尚有改善的餘力，一旦邁入四十歲之後，要想改變這種習性，只怕是心有餘而力不足了。

一個人在酒吧獨飲的姿態，乍看之下給人一種滄桑感，但是事實上，他們只不過是個任性、長不大的孩子罷了。有這類傾向的人，如果能夠看清內心那個幼稚的自己，應設法跳脫出來，使自己的心態儘快成長。

94 黃湯下肚後的識人訣竅

喝酒，可以讓人放鬆自己，跳脫原本被設定的框框與規範。而有些人只要兩杯黃湯下肚，就好像變了個人似的，因此「酒」可說是變換個性的一個開關。只要是人或許都隱藏著另一個看不見的自我，只是自己沒有發現，但是稍微經過酒精的催化，它就會醒過來。

從喝酒之後所表現出來的個性，就可以看出每個人隱藏在內心的另一種個性，這是平常生活中，不會表現在人前的一面。

比如說，喝醉後喜歡哭鬧的人。這種人心中深處其實藏著無限的悲哀情懷，平時強顏歡笑不斷忍耐著，不讓他人看見，只有在喝了酒時，才會將心中的苦悶悉數傾吐出來。換句話說，這類型的人在平時不希望他人表現出同情自己的樣子，因而總是表現出一副「好強」的姿態。

而喝醉酒後喜歡大笑的人，是潛意識中希望自己能笑得更開懷的人。笑，具有紓緩緊張、放鬆心情的效果。這種人或許是因爲平日生活過於緊張，才會在喝酒後，藉大笑來放鬆自己，遠離平日的緊張。在職場上，他們或許有個過於嚴厲的主管，也或許從小在父母嚴格的管教下成長，這類型的人年輕時很可能是成績很好的優等生，希望過著零缺點、完美的生活，因而給自己的壓力過大，容易造成頭痛、肩膀僵硬……等毛病。

還有一種一旦喝醉酒便會依偎在男性身邊撒嬌的女性，平時最不擅長的可能就是撒嬌吧！她們在工作上表現優異，即使身爲女性也絕不讓鬚眉，屬於領導型的性格。別看她們平常像個男人婆，但是只要一喝醉就有可能會突然抱著男人猛親不停。

至於在喝酒的時候，不停地抱怨工作、不斷發牢騷的人，不用說大部分一定是在工作上積壓太多的壓力所致，藉酒抒發心中的抑鬱以及對主管的不滿等。一般在公司裡敢怒不敢言的部分，會隨著酒精效應的揮發而罵個不停。但是，這種人總是不斷重複著相同的抱怨，到最後還是無法解決自己的不滿情緒，因此這種抱怨多半是沒有建設性的。

95 付錢時，堅持各付各的人

有一些人討厭被人家請客，無論在任何情況、任何時候，都堅持各付各的。他們之所以如此堅持，並不是因爲對金錢有特別的潔癖。

而是因爲「被請客」這件事情，讓他們覺得好像欠了對方一份人情似的，讓自己在無形中和對方的距離拉近一步，而他們不喜歡如此，他們希望自己無虧無欠一身輕，人情債對他們來說是心中沉重的負荷。他們無法背負人際關係中的情感包袱，盡可能避免指使他人、受他人指使、施予恩惠或者向他人報恩……等等親密的關係。甚至連同血緣、同鄉的濃厚情感也想逃開。

這類型的人，稱得上是相當孤傲的人，但是其內心卻是不折不扣的浪漫主義者，喜歡作夢，擁有很高的理想，期盼有朝一日能實現自己的理想。他們並不是無法將工作做好，只是在能力方面，似乎沒有受到上天的眷顧，因爲他們沒有辦法面對現實，再加上他們無法在適當的時候和適當的人物建立深厚的人際關係，因此在團體中要贏得他人的賞識、得到他人的提拔、出人頭地，是很困難的。

不過，他們還是深信「有朝一日，自己努力耕耘的每一分，都將會有所回報」，可惜的是，就在他們深信不疑的時候，歲月早已自他們的指縫中悄悄流逝，而等他們回過神來，已是年華老去。他們不是那種會責怪他人、怨恨他人的類型，但隨著年歲增長，膽怯會慢慢侵蝕他們的內心，有時還會出現抑鬱症的傾向。

不過，如果你理想中的世界跟他們理想中的世界能夠取得共鳴的話，反而能跟他們結成好朋友。但若是你總是和他們討論現實方面的事情，那這段友情就很難萌芽了。你與其想和這類型的人一起處理現實的工作，還不如和他們多聊聊理想中的世界，反而更容易拉近彼此間的距離。

96 必讀暢銷書的人

通常能夠賣出數百萬本的暢銷書，之所以能有如此的銷售量，自然是因爲內容有吸引人之處。而一旦賣座之後，便會產生一種加乘效果。也就是說，書越賣越好，這本書也就成爲人們茶餘飯後的話題，好像沒有讀過就插不進別人話題似的。因此讀者越來越多，書也就越來越暢銷。

我認識一位餐飲店的老闆娘，由於許多客人都在討論渡邊淳一的《失樂園》一書，她便想到圖書館借來看，但是想要一睹爲快的人實在太多，必須很久才輪得到她，最後她乾脆自己掏腰包買一本來看。

的確，身爲服務業的一員，閱讀暢銷書以迎合他人的話題，是有必要的。反之，必讀暢銷書者通常也善於迎合他人，其個性應該很適合從事服務業。

但是，暢銷書也有各式各樣的種類。有些人不管自己的興趣、喜好，一味附和潮流，這種人總會說：「所有人都讀，我當然也必須要讀」、「沒讀過的話，不就跟不上時代的潮流了嗎？」、「這本書這麼暢銷，內容應該不錯」。

這種類型的人，即使很努力工作，還是缺乏創造力，而且他們對於自己能創造出什麼的認知也不足，若從事企劃工作，很難會有什麼新鮮的創意。真正有創意的人，對於世俗中流行的東西並不感興趣，只專注於自己想要做、有興趣的東西，然而往往就是這種作品才會成爲時代的主流而大受歡迎。這種類型的人不管現在的暢銷書怎樣，他們只閱讀自己鍾情的書籍。

在此順便一提，曾寫過《侏羅紀公園》大作，並不斷推出暢銷作品的作家麥可克萊頓，就是屬於這種類型。不管時代的潮流如何，他只研究自己有興趣的東西，創作自己感興趣的作品。

97 喜歡閱讀歷史小說的人

以日本戰國時代武將爲主人翁的歷史小說，其忠實的讀者可說是相當廣泛，遍及各個階層。即使是一些商業性質的雜誌，也常會挪出一些篇幅，作一系列的特別企劃。歷史小說之所以能如此吸引讀者，自然有許多要素在其中。

首先，是因爲其壯闊的故事內容。這些故事內容充滿戲劇性，和上班族們平日單調的生活，有著相當大的差異。雖然和現實生活差距頗大，但是故事中所提及之戰略運用、人際關係之運籌帷幄等，在某個部分，似乎和現實生活又有所關聯。比如說，豐臣秀吉是如何取得人心？如何自一個沒沒無聞的市井小民，迅速爬升至無人不知無人不曉的一代梟雄呢？這些歷史小故事，對於懷抱著強烈希望出人頭地願望的人來說，的確相當具有吸引力，並具備參考的價值。

書中所記述之政治上的伎倆、內藏之謀略等等，令人宛若置身於動盪的歷史舞台，尤其是男性讀者，對這種情節、這種氣魄更是嚮往不已。在現時的世代中，人們爲了爭奪天下、得到霸權而互相仇殺的事，已不復存在，但是在過往歷史中，爾虞我詐，不是你死就是我亡，用戰爭來一決勝負，運用各種戰略，或暗殺或毒殺，主角身處這樣的舞台，浮浮沉沉，精采絕倫，讀者們在不知不覺中便離開了現實中平和的世界，而神遊於充滿刺激的時光隧道中。

喜歡這種歷史小說的人，大部分以男性居多，他們在個性上十分羅曼蒂克，充滿浪漫情懷，女性和他們相較之下，反而顯得現實許多。有時當他們向自己的另一半訴說著自己的野心、理想、夢想時，沒想到得來的回應卻是「下個月的房租沒有問題吧？」令他們為之氣結，話題無法接續下去，就算他們緊接著說些有關織田信長的話題，似乎也無法和生活費扯上任何關係，因此，這類型的男性只好把自己的夢想、抱負寄託在這些戰國時代的武將身上了。

他們的心中暗藏著出人頭地的願望，但可惜的是，他們在現實世界中，是屬於再平庸不過的小人物罷了。而偏愛勵志性的小說，例如比爾蓋茲傳記，就比喜歡閱讀歷史小說的人，顯得更為積極，並且更具前瞻性。

98 只閱讀財經方面書籍的人

在書店中，有專門展示所謂「財經類書籍」的區域，這些書籍中包含了商業方面的專門資訊、個人成功的傳記、優良企業的祕密……等等，令人目不暇給。

這些財經類書籍，是相當好的資訊，而拚命研讀這些書籍的人，當然對於商業方面持有相當濃厚的興趣，非常認眞，充滿上進心。但令人感到惋惜的是，這類人要出人頭地、一舉成名的可能性是非常低的。

爲什麼這麼說呢？因爲只閱讀財經書籍的人，其生活圈一定非常狹窄，缺乏各方面的知識、學養，以及廣闊的視野。爲了在商場上能夠出人頭地，因而研讀有關商業方面的書籍，這是很正常的想法，也沒什麼不對，但是僅僅這樣做就想成功，那就太異想天開了。如果這類書籍只是你閱讀書籍中的一小部分，那麼當然不是問題，但是如果你是那種非財經書不讀的人，做人不就太沒有樂趣了嗎？就算能僥倖成功，也無法完全掌握部屬的心吧！

眞正有辦法、有能力的人，會從自己的親身體驗中，摸索出邁向成功的技巧及祕訣，他們甚至可以把這些心得寫成一本書。只有靠自己去真實體驗得失，再加上一些書中的知識，如此一來，書才可說是真正對我們有幫助的工具。換句話說，能夠善用他人的智慧和建言的人，往往自己本身也必須擁有多方面的經驗，且具備足夠的判斷能力。

單純的想利用他人的智慧來得到好處的人，是無法將這些智慧結晶融會貫通、使用得當的。

99 從看電視的習慣了解這個人

小習慣裡往往隱藏著大玄機，不妨從下列專家的觀察研究結果，比照看看自己和他人究竟是何種個性的人，以及其真實性有多少。

邊看電視邊做其他事，例如看報紙、打毛衣的人，個性較有彈性，容易適應環境，精力充沛，願意嘗試新的事物。而眼睛緊緊盯牢電視直到節目結束的，想像力豐富，較能同情別人。另外，總是開著電視機入睡者，必定是個隨和、樂觀的人，任何困難在他看來都可輕易解決。

不斷換台看各種節目的人，個性衝動、好奇、外向，適合從事公關工作。相反地，一到廣告時間就轉台的人，絕不浪費時間，也不會浪費金錢；獨立性強，不隨波逐流。

美國一位心理學家指出，通過對一個人喜愛電視節目的類別，可以判斷出他的性格與心理。

1. 喜歡觀賞喜劇節目的人：對生活要求不高，家庭觀念濃厚，個性比較含蓄。此種人大多會利用幽默感去隱藏內心眞實的情感，表面插科打諢、漫不經心，但內心卻熾熱如火。

2.喜歡看戲劇節目的人：自信心強而富有冒險精神。此類人英雄主義色彩極濃，且比較霸道，喜歡領導和左右別人，有時會失之獨裁專斷。

3.對神秘恐怖節目或刑案故事感興趣的人：好奇心重，競爭心強。凡事能夠貫徹始終，全力以赴。喜歡追求刺激，不甘於平凡。

4.喜歡有獎徵答或猜謎節目的人：智慧高，推理能力強。對任何問題都能冷靜分析，尋根究底。這類型的人最不能忍受無知和愚蠢。

5.對家庭倫理連續劇感興趣者：幻想力強，是非分明，極富正義感，爲人處事都非常有分寸。

6.喜歡清談式或談話性節目的人：心思縝密，愛好爭論略爲偏執。爲人很有主見，但又非常客觀，在作出任何決定時，必先詳細考慮分析，絕不莽撞行事。

7.愛看大型綜合性娛樂節目的人：樂天開朗，心地善良而不記恨。此類型的人凡事只看光明面，最能體諒別人。

8.愛看體育節目的人：競爭心極強，喜愛接受挑戰，可以說是壓力越強，表現就越佳。做事謀定而後動，計畫周詳且會盡心盡力朝目標去追求。

國家圖書館出版品預行編目資料

一分鐘掌握對方個性 / 郭文華 編著.
-- 初版. -- 新北市 : 華文網, 2012.05
面 ;　公分
ISBN 978-986-271-209-2(平裝)

1.個性　　2.行為心理學　　3.讀心術

173.7　　　　　　　　101005749

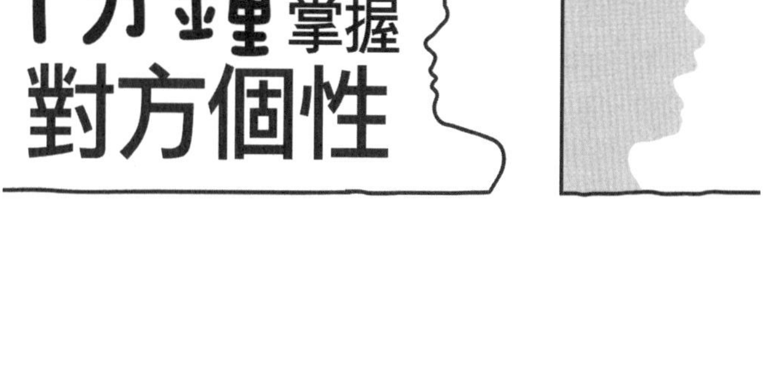

啟思 Cheese Group

一分鐘掌握對方個性

出版者 ◤啟思
編　者 ◤郭文華
品質總監 ◤王寶玲
總編輯 ◤歐綾纖
文字編輯 ◤劉汝雯
美術設計 ◤蔡瑪麗

本書採減碳印製流程並使用優質中性紙（Acid & Alkali Free）最符環保需求。

郵撥帳號 ◤50017206 采舍國際有限公司（郵撥購買，請另付一成郵資）
台灣出版中心 ◤新北市中和區中山路 2 段 366 巷 10 號 10 樓
電　話 ◤(02) 2248-7896　　傳　真 ◤(02) 2248-7758
ISBN ◤978-986-271-209-2
出版日期 ◤2013 年9 月十版二十五刷

全球華文市場總代理 ◤采舍國際
地　址 ◤新北市中和區中山路 2 段 366 巷 10號 3 樓
電　話 ◤(02) 8245-8786　　傳　真 ◤(02) 8245-8718

全系列書系特約展示
新絲路網路書店
地　址 ◤新北市中和區中山路2段366巷10號10樓
電　話 ◤(02) 8245-9896
網　址 ◤www.silkbook.com

線上 pbook&ebook 總代理 ◤全球華文聯合出版平台
地　址 ◤新北市中和區中山路 2 段 366 巷 10 號 10 樓
主題討論區 ◤www.silkbook.com/bookclub　● 新絲路讀書會
紙本書平台 ◤www.book4u.com.tw　● 華文網網路書店
電子書下載 ◤www.book4u.com.tw　● 電子書中心 (Acrobat Reader)